CONFERENCE INTERNATIONALE
DE
LAUSANNE
1922

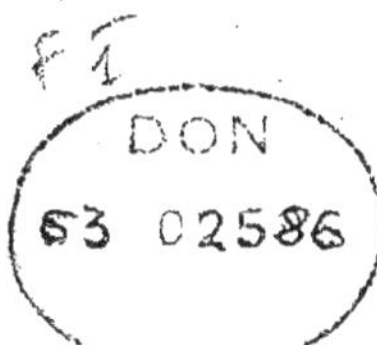

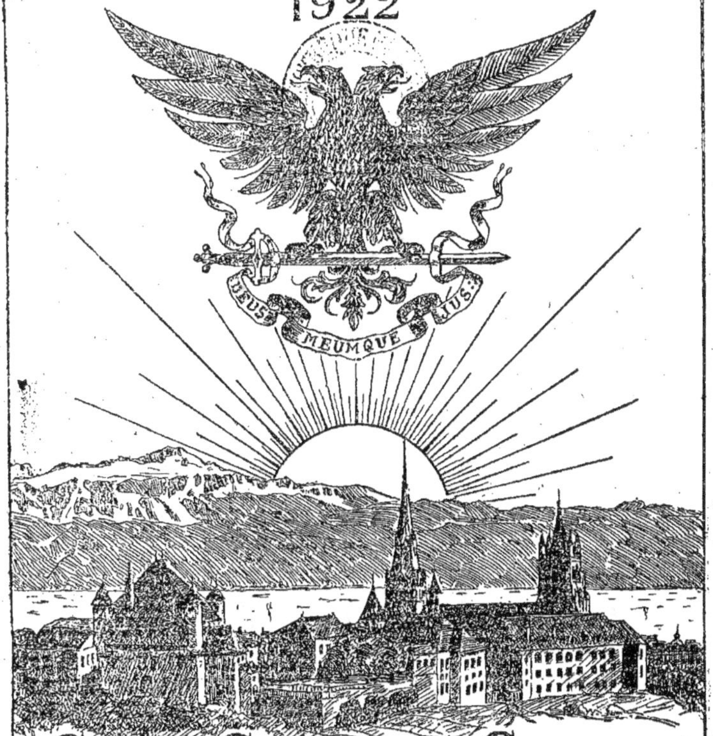

SUP∴ CONS∴ DE SUISSE

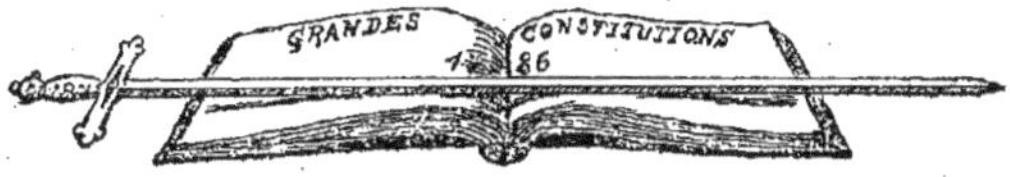

M. JATON, del.

Les SSS∴ GGG∴ CCC∴

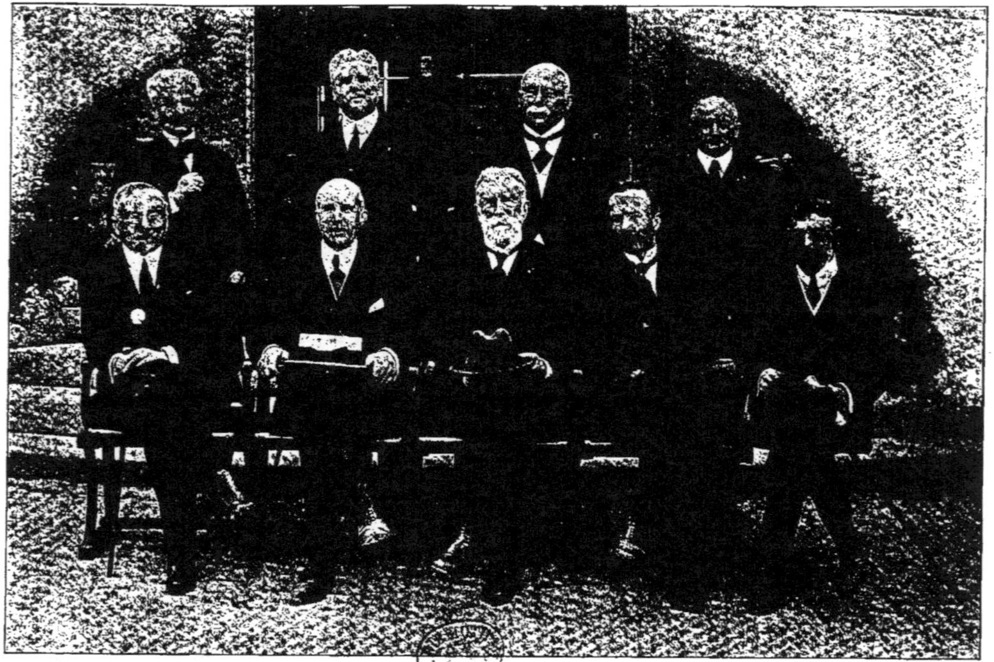

Thélin Morf Buchanan Goddard Malcolm Hubbard Day Weidner
Petre Audéoud Strug Santoliquido Doorman Almeida
Scheuchzer Nusslé de Gooyer Lucarelli Stabile Blaser Pecorini Anspach Portela
Marshall Marapodi Burgess Metelli Dop Lescura Barcia Chaillié de Jongh Gracie Noverraz Bahon
Junod Palermi Abbott Cowles Goblet d'Alviella Raymond Sorondo Ricciardi Hasse

COMPTE-RENDU

de la

TROISIÈME CONFÉRENCE INTERNATIONALE

des

SUPRÊMES CONSEILS DU 33ᵉ DEGRÉ

du

RITE ÉCOSSAIS ANCIEN ACCEPTÉ

tenue à LAUSANNE, Suisse

du 29 mai au 2 juin 1922.

LAUSANNE

IMPRIMERIE JORDAN, BLANC ET FR∴ NOVERRAZ

—

1922

PROGRAMME

Sauf indication contraire, les réunions, séances, tenues, confé-
rences, etc., ont eu lieu à la Loge maç∴ « L'Acàcia » Avenue
Ruchonnet, 26.

Lundi 29 mai,	10 h.	Réunion officieuse des SS∴ GG∴ CC∴ et des chefs de délégations.
	15 h.	Ten∴ sol∴ d'ouverture et d'organisation, séances des commissions.
	20 h.	Réception offerte aux délégués par le Sup∴ Cons∴ de Suisse, Hôtel Royal. Ont pris la parole, les Ill∴ FF∴ Junod, Maillefer, Dop, Palermi, Raymond, Barcia.
Mardi 30 mai,	9 h.	Séance plénière.
	15 h.	Séances des Commissions.
Mercredi 31 mai,	9 h.	Séances des Commissions.
	15 h.	Séance plénière. Conférence du T∴ P∴ S∴ G∴ C∴ Comte Goblet d'Alviella sur « La Poursuite du Royal Secret ».
	17 h.	Tenue solennelle au 18e gr∴
	20 h.	Réception offerte aux délégués, à l'Hôtel de la Paix, par les At∴ sup∴ de la Vall∴ de Lausanne. Ont pris la parole, les Ill∴ FF∴ Junod, Marshall, H. Wellauer, Mucha — Mlle Jayet (chants), Mme Wilczek (piano).
Jeudi 1er juin,		Excursion sur le Lac Léman, visite de Genève (lunch offert par les At∴ sup∴ de la Vall∴), du Château de Chillon, etc. Départ d'Ouchy, en bateau, à 8 h. 15, retour à 20 h. 30.
Vendredi 2 juin,	9 h.	Séance plénière.
	15 h.	Séance de clôture.
	17 h.	Thé offert aux délégués et aux sœurs de Suisse, par les Dames américaines, au Lausanne-Palace.
	19 h.	Dîner offert aux délégués à l'Hôtel Beau-Rivage, par le Sup∴ Cons∴ de Suisse. Ont pris la parole, les Ill∴ FF∴ Junod, Petre, Cowles, Raymond, Abbott, Goblet d'Alviella, Sorondo, Dop, Palermi, Strug, de Jongh, Hasse.

COMPTE-RENDU

de la

TROISIÈME CONFÉRENCE INTERNATIONALE

des

Suprêmes Conseils du 33ᵉ degré

du

RITE ÉCOSSAIS ANCIEN ACCEPTÉ

tenue à LAUSANNE, Suisse

du 29 mai au 2 juin 1922.

Lausanne, le 29 mai 1922.

La deuxième Conférence internationale des Suprêmes Conseils du Rite écossais Ancien Accepté, tenue à Washington, D.C., U.S.A., en 1912, d'accord avec le Souverain Grand Commandeur et le Suprême Conseil de Suisse, avait fixé la réunion de la Troisième Conférence internationale à Lausanne, en 1917.

La guerre mondiale, de 1914 à 1918, n'ayant pas permis d'exécuter cette décision à la date fixée, c'est le lundi 29 mai 1922 seulement, à trois heures de l'après-midi et à la suite des invitations envoyées par le Suprême Conseil de Suisse, que les Ill∴ FF∴ membres des Suprêmes Conseils réguliers et délégués *ad hoc*, s'assemblèrent au Temple maçonnique de l'Acacia, à Lausanne.

Le T∴ P∴ Fr∴ ALBERT JUNOD, 33ᵉ, Souverain Grand Commandeur du Suprême Conseil de Suisse, invita les délégués à prendre place sur les colonnes, dans l'ordre d'ancien-

neté de leurs Suprêmes Conseils et, au nom des FF∴ de
Suisse, leur adressa un cordial souhait de bienvenue.

Les Souverains Grands Commandeurs présents répondi-
rent, parlant dans le même ordre, savoir :

T∴ P∴ Fr∴ John H. Cowles, 33e, pour la Juridiction Sud
des Etats-Unis d'Amérique.
T∴ P∴ Fr∴ René Raymond, 33e, pour la France.
T∴ P∴ Fr∴ Léon M. Abbott, 33e, pour la Juridiction maçon-
nique Nord des Etats-Unis d'Amérique.
T∴ P∴ Fr∴ Goblet d'Alviella, 33e, pour la Belgique.
T∴ P∴ Fr∴ Alejandro Sorondo, 33e, pour l'Argentine.
T∴ P∴ Fr∴ Raoul Palermi, 33e, pour l'Italie.
T∴ P∴ Fr∴ P. G. H. Dop, 33e, pour la Hollande.

D'autres Ill∴ Fr∴ délégués prirent également la parole.

Au cours de son allocution, l'Ill∴ Fr∴ Abbott donna
lecture de la lettre suivante, qu'il avait reçue du président
des Etats-Unis et qui fut accueillie par les applaudissements
prolongés de tous les délégués.

White House,
Washington.

2 mai 1922.

Mon cher Monsieur Abbott,

Permettez-moi de vous exprimer, ainsi qu'à vos collè-
gues délégués par le Suprême Conseil de la Juridiction Nord
à la Conférence internationale des Suprêmes Conseils qui
aura lieu à Lausanne dans quelques semaines, le profond in-
térêt que je porte à la mission que vous allez remplir à l'é-
tranger. Vous vous y rencontrerez avec les représentants des
Suprêmes Conseils du monde entier et je suis persuadé qu'il
résultera de ces relations plus de cordialité et de compréhen-
sion mutuelle dans les rapports entre nations.
Par tradition, votre noble organisation s'est fixé comme
idéal de travailler à la réalisation des plus belles aspirations
de l'humanité, et je crois qu'on est en droit d'espérer qu'elle

exercera une influence efficace en faveur de la paix et qu'elle
opérera une large diffusion des splendides principes qui ont
toujours été ceux de la maçonnerie.

Très sincèrement,

votre

Harding

Conformément à l'entente intervenue dans une réunion
officieuse des Souverains Grands Commandeurs et des Chefs
de Délégations, tenue à 10 heures du matin, le 29 mai, le
Président désigna les commissions suivantes :

COMMISSION DU RÈGLEMENT DES TRAVAUX
DE LA CONFÉRENCE :

Ill∴ Fr∴ Edward C. Day, 33e, Grand Ministre d'Etat du
Suprême Conseil pour la Juridiction Sud, U. S. A.

Ill∴ Fr∴ René Chaillé, 33e, Grand Secrétaire général du
Suprême Conseil de France.

Ill∴ Fr∴ Auguste Barcia, 33e, du Suprême Conseil d'Espagne.

Ill∴ F∴ Barton Smith, 33e, Ancien Grand Commandeur du
Suprême Conseil de la Juridiction maçonnique Nord des Etats-
Unis.

Ill∴ Fr∴ Goblet d'Alviella, 33e, Souverain Grand Commandeur du Suprême Conseil de Belgique.

Ill∴ Fr∴ Albert Gracie, 33e, du Suprême Conseil du Brésil.

Ill∴ Fr∴ G. M. Metelli, 33e, représentant pour le Suprême
Conseil de Portugal.

Ill∴ Fr∴ Arnold Zurcher, 33e, représentant pour le Suprême
Conseil de l'Uruguay.

Ill∴ Fr∴ Edouard Audeoud, 33e, représentant pour le Suprême Conseil du Mexique.

Ill∴ Fr∴ Albert Pecorini, 33e, du Suprême Conseil d'Italie.

Ill∴ Fr∴ P. Maillefer, 33e, représentant pour le Suprême
Conseil d'Egypte.

Ill∴ Fr∴ W. A. H. Doorman, 33e, second Grand Chancelier
du Suprême Conseil de Hollande.

Ill∴ Fr∴ Paul Pilet, 33e, Grand Trésorier du Suprême Conseil de Suisse.

Ill.˙. Fr.˙. PERRY W. WEIDNER, 33ᵉ, Secrétaire général du Suprême Conseil pour la Juridiction Sud, U.S.A.

Ill.˙. Fr.˙. RENÉ RAYMOND, 33ᵉ, Souverain Grand Commandeur du Suprême Conseil de France.

Ill.˙. Fr.˙. MANUEL PORTELA, 33ᵉ, du Suprême Conseil d'Espagne.

Ill.˙. Fr.˙. JAMES I. BUCHANAN, 33ᵉ, du Suprême Conseil de la Juridiction maçonnique Nord, U.S.A.

Ill.˙. Fr.˙. GEORGES PETRE, 33ᵉ, Grand Chancelier du Suprême Conseil de Belgique.

Ill.˙. Fr.˙. ANTONIO T. D'ALMEIDA, 33ᵉ, du Suprême Conseil de Portugal.

Ill.˙. Fr.˙. ALEJANDRO SORONDO, 33ᵉ, Souverain Grand Commandeur du Suprême Conseil de l'Argentine.

Ill.˙. Fr.˙. UMBERTO LUCARELLI, 33ᵉ, représentant pour le Suprême Conseil du Mexique.

Ill.˙. Fr.˙. LÉON MORF, 33ᵉ, représentant pour le Suprême Conseil de Grèce.

Ill.˙. Fr.˙. RAOUL PALERMI, 33ᵉ, Souverain Grand Commandeur du Suprême Conseil d'Italie.

Ill.˙. Fr.˙. P. G. H. DOP, 33ᵉ, Souverain Grand Commandeur du Suprême Conseil de Hollande.

Ill.˙. Fr.˙. HENRI DUAIME, 33ᵉ. Grand Orateur du Suprême Conseil de Suisse.

Les présidents des deux commissions furent désignés en la personne du T.˙. Ill.˙. Fr.˙. GOBLET D'ALVIELLA, 33ᵉ, pour la « Commission du Règlement de la Conférence », et du Tr.˙. Ill.˙. Fr.˙. RENÉ RAYMOND, 33ᵉ, pour la « Commission de vérification des pouvoirs ».

Une suspension de séance fut ensuite prononcée pour permettre aux deux commissions de remplir leur mandat.

Rapport de la „Commission du Règlement".

A la reprise de séance, lundi 29 mai 1922 à 19 heures, l'Ill.˙. Fr.˙. GOBLET D'ALVIELLA, 33ᵉ, au nom de la « Commission du Règlement », présenta le rapport et les propositions suivantes qui furent adoptées :

« Cette Conférence de Francs-Maçons du Rite Ecossais
Ancien et Accepté a pour but de renouveler et de fortifier les
liens d'amitié et d'intimité qui ont depuis si longtemps uni
les Suprêmes Conseils du Rite dans le monde entier.

Notre espoir est que, en nous comprenant et en nous
connaissant mieux, nous favoriserons davantage la diffusion
des principes maçonniques dans un esprit d'amitié et d'aide
mutuelle. Sous l'invocation du Tout Puissant Grand Archi-
tecte de l'Univers, nous nous mettons d'accord ici pour l'a-
doption des règlements suivants en vue de nous guider dans
nos délibérations :

1. Nous acceptons avec un vif plaisir l'invitation du Suprême Conseil de Suisse à tenir nos réunions dans ses lo-
caux, et nous lui adressons nos remerciements pour ses travaux sérieux et désintéressés en vue de provoquer cette
Conférence.

2. Les délibérations auront lieu en français et en anglais; toute opinion exprimée dans l'une de ces deux langues
sera aussitôt traduite dans l'autre.

3. Tous les Souv∴ Gr∴ Insp∴ Gén∴, actifs ou hono-
raires, présents à Lausanne, pourront être admis aux séances; mais les délégués dont les lettres de créance auront été
approuvées par cette Conférence, seront seuls autorisés à y
prendre la parole ou à participer aux délibérations.

4. Tous les Suprêmes Conseils auront un vote égal à
cette Conférence. Chaque Suprême Conseil se fera entendre
ou présentera son opinion par ses représentants régulière-
ment accrédités.

Participent seuls aux votes, les membres actifs du Suprême Conseil qu'ils représentent, ou les délégués porteurs
d'instructions écrites pour chaque question. Celles-ci reste-
ront annexées au dossier de la Conférence.

5. Nul ne pourra, sans le consentement unanime de la
Conférence, prendre la parole plus de deux fois sur le même
sujet et ce pendant une durée qui ne pourra pas excéder
vingt minutes.

6. Après discussion, à moins que trois Suprêmes Conseils ne s'y opposent, les opinions de tous les Suprêmes Conseils seront reçues et insérées au procès-verbal, mais nulle action, législation ou recommandation de cette Conférence ne pourra lier un Suprême Conseil quelconque, aussi longtemps que celui-ci n'aura pas ratifié et approuvé la motion.

Toute proposition obtenant l'approbation des trois-quarts des Suprêmes Conseils ici représentés et dûment autorisés à agir dans la question, sera soumise à l'approbation de tous les Suprêmes Conseils, mais cette communication ne se fera qu'à titre de recommandation.

7. Les mesures nécessaires seront prises pour que le compte-rendu de cette Conférence soit publié au moins en français et en anglais ».

Bureau de la Conférence.

La Commission recommandait en outre :

Pour Président permanent de la Conférence :

Le T∴ P∴ Fr∴ ALBERT JUNOD, 33e, Souv∴ Gr∴ Comm∴ du Suprême Conseil de Suisse.

Pour Vice-Présidents permanents :

Ill∴ Fr∴ JOHN H. COWLES, 33e, Souv∴ Gr∴ Comm∴ du Suprême Conseil pour la Juridiction Sud, U.S.A.
Ill∴ Fr∴ RENÉ RAYMOND, 33e, Souv∴ Gr∴ Comm∴ du Suprême Conseil de France.
Ill∴ Fr∴ LEON M. ABBOTT, 33e, Souv∴ Gr∴ Comm∴ du Suprême Conseil de la Juridiction maçonnique Nord, U.S.A.
Ill∴ Fr∴ BARTON SMITH, 33e, Anc∴ Gr∴ Comm∴ du Suprême Conseil de la Juridiction maçonnique Nord, U.S.A.
Ill∴ Fr∴ GOBLET D'ALVIELLA, 33e, Souv∴ Gr∴ Comm∴ du Suprême Conseil de Belgique.
Ill∴ Fr∴ ALEJANDRO SORONDO, 33e, Souv∴ Gr∴ Comm∴ du Suprême Conseil de l'Argentine.

Ill∴ Fr∴ Paul Maillefer, 33e, Souv∴ Gr∴ Comm∴ d'honneur du Suprême Conseil de Suisse.

Ill∴ Fr∴ Raoul Palermi, 33e, Souv∴ Gr∴ Comm∴ du Suprême Conseil d'Italie.

Ill∴ Fr∴ William Burgess, 33e, Ex-Souv∴ Gr∴ Comm∴ du Suprême Conseil d'Italie.

Ill∴ Fr∴ Leonardo Ricciardi, 33e, Ex-Souv∴ Gr∴ Comm∴ du Suprême Conseil d'Italie.

Ill∴ Fr∴ P. G. H. Dop, 33e, Souv∴ Gr∴ Comm∴ du Suprême Conseil de Hollande.

Pour Secrétaires :

Ill∴ Fr∴ Adolphe Blaser, 33e, Gr∴ Chanc∴ Secr∴ Gén∴ du Suprême Conseil de Suisse.

Ill∴ Fr∴ Perry W. Weidner, 33e, Secr∴ Gén∴ du Suprême Conseil pour la Juridiction Sud, U.S.A.

Propositions adoptées.

Adresse de sympathie à la famille du T∴ Ill∴ Fr∴
Albert WELLAUER

Fut unanimement approuvée, une adresse exprimant la sympathie la plus sincère de la Conférence à la famille du regretté Fr∴ Dr Wellauer, Albert, 33e, qui, au moment de sa mort, le 7 mai 1922, était Grand Chancelier Secrétaire général du Suprême Conseil de Suisse.

Puis une suspension de séance fut prononcée, jusqu'au lendemain 30 mai, à 9 heures.

MARDI 30 MAI 1922.

La Conférence reprend séance à 9 heures. Le P∴ Fr∴ Albert Junod, 33e, préside à l'Orient.

Rapport de la „Commission de vérification des pouvoirs".

La « Commission de vérification des pouvoirs » présente son rapport et les conclusions suivantes qui sont adoptées :

1. — Que les lettres de légitimation de tous les délégués ayant été examinées, les Ill.·. FF.·. désignés ci-après, reconnus valablement accrédités, soient autorisés à siéger à la Conférence.

Les délégués dont le nom est accompagné d'un astérisque (*) tiennent leurs pouvoirs d'autres Suprêmes Conseils que de celui dont ils sont membres actifs.

ETATS-UNIS D'AMÉRIQUE
Juridiction Sud.

Ill.·. Fr.·. John H. Cowles, 33e, Souv.·. Gr.·. Comm.·.
Office 16th & S Sts N. W. Washington D. C.
Ill.·. Fr.·. Edward Cason Day, 33e, Gr.·. Min.·. d'Etat.
Judge, Helena, Montana.
Ill.·. Fr.·. Perry W. Weidner, 33e, Secr.·. Gén.·.
House of the Temple, 16th and S Sts. N. W. Washington D. C.
Ill.·. Fr.·. Garnet R. Morgan, 33e, Gr.·. Trés.·. Gén.·.
8th Ave North & Hume Str. Nashville, Tennessee.
Ill.·. Fr.·. Philip S. Malcolm, 33e, Gr.·. M.·. des Cér.·.
Failing Building, Portland, Oregon.

FRANCE

Ill.·. Fr.·. René Raymond, 33e, Souv.·. Gr.·. Comm.·.
Ingén., 1, Square Lagarde, Paris.
Ill.·. F.·. Jules Sergent, 33e Lieut.·. Gr.·. Comm.·. (absent excusé).
Ill.·. Fr.·. René Chaillé, 33e, Gr.·. Chanc.·. Secr.·. Gén.·.
8, rue Puteaux, Paris.
Ill.·. Fr.·. Guillemaud, 33e, (absent excusé).

ESPAGNE (voir page 23)

ÉTATS-UNIS D'AMÉRIQUE
Juridiction maçonnique Nord.

Ill.·. Fr.·. Leon M. Abbott, 33e, Souv.·. Gr.·. Comm.·.
933, Tremont Building, Boston, Mass.
Ill.·. Fr.·. Barton Smith, 33e, Anc.·. Souv.·. Gr.·. Comm.·.
341, Superior Street, Toledo, Ohio.

Ill∴ Fr∴ Leroy A. Goddard, 33e, Gr∴ Trés∴
135, West Washington Street, Chicago, Ill.
Ill∴ Fr∴ J. I. Buchanan, 33e.
Terminal Building, Pittsburgh, Penn.
Ill∴ Fr∴ Th. R. Marshall, 33e.
Indianapolis, Indiana.

BELGIQUE

Ill∴ Fr∴ Comte Goblet d'Alviella, 33e, Souv∴ Gr∴ Comm∴
Sénat., Min. d'Etat, 10, r. Faider, St-Gilles, Bruxelles.
Ill∴ Fr∴ Jean-Laurent Hasse, 33e, Lieut∴ Gr∴ Comm∴
Architecte-Expert, 44, av. Cardinal Mercier, Anvers.
Ill∴ Fr∴ Georges Petre, 33e, Gr∴ Chanc∴ Secr∴ Gén∴
Avocat, rue Verbist, 42, Bruxelles.
Ill∴ Fr∴ Armand Anspach, 33e, Gr∴ Or∴
Avocat, 123, rue du Commerce, Bruxelles.

BRÉSIL

Ill∴ Fr∴ Albert Gracie, 33e.
Ambassade du Brésil auprès du Quirinal, à Rome ou
rue de Paysandu, 31, Rio de Janeiro.

PÉROU

Ill∴ Fr∴ * Raoul V. Palermi, 33e, (Italie).

PORTUGAL

Ill∴ Fr∴ Antonio Tavares d'Almeida, 33e.
Avenida Defensores de Chayes, 91 r/c, Lisboa.
Ill∴ Fr∴ * Albert Dunant, 33e, (Suisse, absent excusé).
Ill∴ Fr∴ * Giovanni-Mario Metelli, 33e, (Italie).
Via della Vittoria, 27, Alessandria (Italie).

URUGUAY

Ill∴ Fr∴ * Paul Maillefer, 33e, (Suisse).
Ill∴ Fr∴ * Arnold Zurcher, père, 33e (Suisse).
Fabricant, 17, avenue du Kursaal, Montreux (Suisse).

ARGENTINE

Ill∴ Fr∴ Dr Alejandro Sorondo, 33e, Souv∴ Gr∴ Comm∴
Avenida Quintana 451, Buenos Aires.

COLON-CUBA

Ill.·. Fr.·. Juan de la C. Alsina, 33e, (absent excusé).
Ill.·. Fr.·. Enrique Llauso, 33e, (n'est pas venu).
Ill.·. Fr.·. Munoz Sanudo Lisardo, 33e, (n'est pas venu).

MEXIQUE

Ill.·. Fr.·. * Edouard Audloud, 33e, (Suisse)
    Boulev. des Tranchées, 42, Genève (Suisse).
Ill.·. Fr.·. * Umberto Lucarelli, 33e, (Italie).
    Via Fratelli Ruffini, 3, Milan.

RÉPUBLIQUE DOMINICAINE

Ill.·. Fr.·. * Fernand Leveque, 33e, (Belgique, n'est pas venu).

VÉNÉZUÉLA [1]

AMÉRIQUE CENTRALE

Ill.·. Fr.·. * William Burgess, 33e, (Italie).

GRÈCE

Ill.·. Fr.·. * Léon Morf, 33e, (Suisse).

[1] Le Supr.·. Cons.·. des Etats-Unis de Vénézuéla avait désigné, pour le représenter à la Conférence de Lausanne, trois membres actifs du Supr.·. Cons.·. de Suisse : le Tr.·. Ill.·. Fr.·. Guillaume Nussle, son Gr.·. Représentant; le Tr.·. Ill.·. Fr.·. Dr Albert Wellauer, Gr.·. Chanc.·. Secrét.·. Gén.·.; le Tr.·. Ill.·. Fr.·. Dr Alphonse Chrétien, Gr.·. Or.·. La lettre d'avis et les pouvoirs parfaitement en règle, datés de Caracas, le 21 mars 1922 et adressés pour tous les trois, au Fr.·. Albert Wellauer, arrivèrent chez ce dernier le jour même ou la veille de sa mort. Dans la confusion que cette mort foudroyante produisit au domicile de notre regretté Fr.·., les documents reçus du Supr.·. Cons.·. de Vénézuéla furent enfermés, par erreur, avec d'autres papiers particuliers du défunt et ils n'arrivèrent ainsi en mains du nouveau Secr.·. Gén.·. du Supr.·. Cons.·. de Suisse que plusieurs jours après la clôture de la Conférence internationale des SS.·. CC.·.

Nous en exprimons tous nos regrets au Supr.·. Cons.·. des Etats-Unis de Vénézuéla qui, par suite de cette circonstance fâcheuse et contre sa volonté, n'a pas été représenté à la Conférence de Lausanne.

14

ITALIE

Ill∴ Fr∴ Raoul-W. Palermi, 33e, Souv∴ Gr∴ Comm∴
Gr. Uff., Via Capo le Case, 52, Rome.
Ill∴ Fr∴ William Burgess, 33e, Ex-Souv∴ Gr∴ Comm∴
5th Pryors, Hampstead, N. W. 3, U.S.A.
Ill∴ Fr∴ Leonardo Ricciardi, 33e, Ex-Souv∴ Gr∴ Comm∴
Via Guglielmo San Felice, 24, Naples.
Ill∴ Fr∴ Rocco Santoliquido, 33e.
9, Cour St-Pierre, Genève.
Ill∴ Fr∴ Albert Pecorini, 33e.
Commandeur, Via Sistina, 109, Rome.
Ill∴ Fr∴ Marcel de Jongh, 33e.
Ing., Via Giovanni Battista de Rossi, 20, Rome.

EGYPTE

Ill∴ Fr∴ * Paul Maillefer, 33e, (Suisse).

PAYS-BAS

Ill∴ Fr∴ Dr P. G. H. Dop, 33e, Souv∴ Gr∴ Comm∴
29, rue Malieboon, Utrecht.
Ill∴ Fr∴ W. A. H. Doorman, 33e, 2e Gr∴ Chanc∴
Dunklerstraat, 16, 's-Gravenhage.

SERBIE (Serbes, Croates et Slovènes)

Ill∴ Fr∴ * Auguste Cahorn, 33e, (Suisse).

SUISSE

Ill∴ Fr∴ Paul Maillefer, 33e, Souv∴ Gr∴ Comm∴ d'hon∴
Conseiller national, Villa Hymette, Lausanne.
Ill∴ Fr∴ Albert Junod, 33e, Souv∴ Gr∴ Comm∴
Freigutstrasse, 2, Zürich.
Ill∴ Fr∴ Aug. Cahorn, 33e, Lieut∴ Gr∴ Comm∴
11, Ami Lullin, Genève.
Ill∴ Fr∴ Adolphe Blaser, 33e, Gr∴ Chanc∴ Secrét∴ Gén∴
Professeur, 13, avenue Druey, Lausanne.
Ill∴ Fr∴ Paul Pilet, 33e, Gr∴ Trés∴
Directeur de Banque, Le Moulinet, Lausanne.
Ill∴ Fr∴ Henri Duaime, 33e, Gr∴ Or∴
Professeur, 7, Cour St-Pierre, Genève.
Ill∴ Fr∴ Henri Cottier, 33e.
Négociant, 27, avenue Ruchonnet, Lausanne.

Ill∴ Fr∴ A. AUBERT, 33e.
    Commandant d'arrondissement, Rolle.
Ill∴ Fr∴ G. NUSSLÉ, 33e.
    Négociant, 7, rue du Grenier, La Chaux-de-Fonds.
Ill∴ Fr∴ H. A. ROCHAT, 33e.
    Négociant, 2, Château, Genève.
Ill∴ Fr∴ LÉON MORF, 33e.
    Prof. à l'Université, Villa d'Argelès, Pully-Lausanne.
Ill∴ Fr∴ H. SCHEUCHZER, 33e.
    Colonel, Aarhof, Berne.

2. — Deux des délégués envoyés à la Conférence par le Suprême Conseil d'Egypte, et un délégué du Suprême Conseil de l'Uruguay, n'ont pas été admis parce que ces délégués ne sont pas membres actifs d'un Suprême Conseil reconnu par cette Conférence.

3. — Quant aux délégués du Suprême Conseil d'Espagne, la Commission estime que ce Suprême Conseil est régulier et que les pouvoirs de ses délégués sont en ordre; mais, étant donné le fait que les deux Suprêmes Conseils des Etats-Unis ont retiré leur reconnaissance au Suprême Conseil d'Espagne, à cause de la présence de corps maçonniques espagnols dans la Juridiction des Etats-Unis, ce qui constitue une violation des droits territoriaux, la Commission laisse à la Conférence le soin de décider si, dans ces conditions, le Suprême Conseil d'Espagne peut y être admis.

Après une longue discussion, l'Ill∴ Fr∴ GODARD, 33e, de la Juridiction maçonnique Nord, U.S.A., proposa la résolution suivante qui fut adoptée :

Que le sujet constituant le différend entre les deux Suprêmes Conseils des Etats-Unis et le Suprême Conseil d'Espagne, serait le premier point spécial porté à l'ordre du jour de la prochaine séance générale de la Conférence. En outre, suivant une proposition de l'Ill∴ Fr∴ AUG. BARCIA, 33e, représentant du Suprême Conseil d'Espagne, il fut décidé que les Suprêmes Conseils intéressés se rencontreraient en une réunion particulière pour tenter d'arriver à une réconciliation.

Répartition du travail en trois sections.

Le Président proposa que, pour suivre à la tradition établie à Bruxelles, en 1907, et à Washington, en 1912, le travail fut réparti en trois sections, savoir :

SECTION 1. Questions relatives aux Suprêmes Conseils légitimes et réguliers, leur définition et leur organisation.

SECTION 2. Questions relatives à la protection contre toute organisation irrégulière ou clandestine.

SECTION 3. Unité et uniformité du Rite.

La proposition fut adoptée, puis, sur présentation des Souverains Grands Commandeurs et des chefs de délégations, les différentes sections furent constituées comme suit et tous les sujets les concernant leur furent renvoyés :

SECTION 1.

Ill.·. Fr.·. P. S. MALCOLM, 33e, de la Jur.·. Sud, U.S.A.
Ill.·. Fr.·. RENÉ CHAILLIÉ, 33e, de France.
Ill.·. Fr.·. AUGUSTE BARCIA, 33e, d'Espagne.
Ill.·. Fr.·. THOMAS R. MARSHALL, 33e, de la Jur.·. Maç.·. Nord, U.S.A.
Ill.·. Fr.·. GEORGES PETRE, 33e, de Belgique.
Ill.·. Fr.·. ALBERT GRACIE, 33e, du Brésil.
Ill.·. Fr.·. G. M. METELLI, 33e, pour le Portugal.
Ill.·. Fr.·. UMBERTO LUCARELLI, 33e, pour le Mexique.
Ill.·. Fr.·. RAOUL V. PALERMI, 33e, d'Italie.
Ill.·. Fr.·. P. G. H. DOP, 33e, de Hollande.
Ill.·. Fr.·. HENRI DUAIME, 33e, de Suisse.

Président : Ill.·. Fr.·. RAOUL V. PALERMI, 33e, Souv.·. Gr.·. Comm.·. du Supr.·. Cons.·. d'Italie.

SECTION 2.

Ill.·. Fr.·. JOHN H. COWLES, 33e, de la Jur.·. Sud, U.S.A.
Ill.·. Fr.·. RENÉ RAYMOND, 33e, de France.
Ill.·. Fr.·. MANUEL PORTELA, 33e, d'Espagne.

Ill.·. Fr.·. Leon M. Abbott, 33e, de la Jur.·. Maç.·. Nord, U.S.A.
Ill.·. Fr.·. Jean Laurent Hasse, 33e, de Belgique.
Ill.·. Fr.·. Armand Anspach, 33e, de Belgique (suppléant).
Ill.·. Fr.·. Alejandro Sorondo, 33e, de l'Argentine.
Ill.·. Fr.·. Edouard Audéoud, 33e, pour le Mexique.
Ill.·. Fr.·. Albert Pecorini, 33e, d'Italie.
Ill.·. Fr.·. W. A. H. Doorman, 33e, de Hollande.
Ill.·. Fr.·. A. Aubert, 33e, de Suisse.

Président : Ill.·. Fr.·. John H. Cowles, 33e, Souv.·. Gr.·. Comm.·.
du Supr.·. Cons.·. de la Jur.·. Sud, U.S.A.

SECTION 3.

Ill.·. Fr.·. Garnett R. Morgan, 33e, de la Jur.·. Sud, U.S.A.
Ill.·. Fr.·. René Raymond, 33e, de France.
Ill.·. Fr.·. Jose Lescura, 33e, d'Espagne.
Ill.·. Fr.·. Leroy A. Goddard, 33e, de la Jur.·. Maç.·. Nord,
U.S.A.
Ill.·. Fr.·. Goblet d'Alviella, 33e, de Belgique.
Ill.·. Fr.·. Antonio T. d'Almeida, 33e, de Portugal.
Ill.·. Fr.·. Arnold Zurcher, 33e, pour l'Uruguay.
Ill.·. Fr.·. Umberto Lucarelli, 33e, pour le Mexique.
Ill.·. Fr.·. William Burgess, 33e, d'Italie.
Ill.·. Fr.·. P. G. H. Dop, 33e, de Hollande.
Ill.·. Fr.·. Auguste Cahorn, 33e, de Suisse.

Président : Ill.·. Fr.·. Goblet d'Alviella, 33e, Souv.·. Gr.·.
Comm.·. du Supr.·. Cons.·. de Belgique.

Questions proposées à l'étude de la Conférence.

Le Président annonça ensuite que le Suprême Conseil
de Suisse avait été chargé de soumettre à la Conférence les
questions additionnelles suivantes :

A. du suprême conseil de france :

1. Questions laissées en suspens par la Conférence de
1912.

2.   Dans quelle mesure la Fédération écossaise entend-elle venir au secours des Suprêmes Conseils que la guerre a décimés, appauvris, ruinés et supprimés parfois?

3.   En présence des réceptions nombreuses dans les pays étrangers, notamment en France, d'exilés russes désireux de créer, dès leur retour dans leur patrie, des Loges, des Ateliers Supérieurs et même un Suprême Conseil, quelle attitude devons-nous prendre afin d'agir de façon concordante?

4.   Mesures à prendre pour collaborer à l'établissement définitif de la paix mondiale.

5.   Comment faire fleurir l'Ecossisme là où il n'existe pas encore?

6.   Etude de la situation des Suprêmes Conseils irréguliers, pour élucider la situation et rétablir l'unité nécessaire.

7.   Maintien de l'American Masonic Headquarters à Paris et sa transformation en Bureau maçonnique international de l'Ecossisme, pour la centralisation du mouvement mondial écossais et son rayonnement à l'extérieur, ainsi que pour les rapports constants à entretenir avec tous les FF.·. écossais passant à Paris. Il est bien entendu que tous les Suprêmes Conseils collaboreraient à l'entretien et aux frais de ce bureau dans une proportion rationnelle à déterminer.

(A rapprocher des propositions faites par les Suprêmes Conseils d'Italie et de Suisse, pour la création d'un Secrétariat central, dont le Suprême Conseil de Suisse serait disposé à se charger dans les mêmes conditions.)

8.   Unification des brefs, passeports, etc., et centralisation, par exemple au Suprême Conseil de Suisse, des modèles employés dans les différentes Obédiences.

(Se rapporte à la question précédente et serait une des premières tâches du Secrétariat à créer.)

9.   Etude comparée des rapports, dans les différents pays, des Grandes Loges avec les Suprêmes Conseils.

B. DU SUPRÊME CONSEIL D'ITALIE :

10. Unification des Rituels ; étroite union des Suprêmes Conseils, tendant à développer l'influence de l'Ecossisme ; établissement d'un bureau central près d'un Suprême Conseil à désigner par la Conférence.

(A rapprocher des questions des Nos 7, 8, 9, 12.)

C. DU SUPRÊME CONSEIL DE SUISSE :

12. Etant donné le grand nombre de renseignements à recueillir et à centraliser, la création d'un secrétariat permanent est désirable. Le Suprême Conseil de Suisse est prêt à en assumer la gérance, avec l'appui des autres Suprêmes Conseils confédérés.

(A rapprocher des questions 7, 8, 9, 10.)

13. Questions concernant la Russie, la Tchécoslovaquie et la Pologne.

Ces questions furent assignées au diverses sections comme suit :

SECTION 1. — Questions Nos 1, 3, et les affaires concernant la Russie, la Tchécoslovaquie et la Pologne.

SECTION 2. — Question N° 6.

SECTION 3. — Questions Nos 4, 5, 8, 9, 10 et 12.

Les questions 2 et 7 avaient été retirées.

Consultée au sujet de la question N° 11, la Conférence décida de la rayer du Compte-rendu.

La Conférence s'ajourna, alors, au mercredi 31 mai 1922, à 15 heures.

MERCREDI 31 MAI 1922, A 15 HEURES

Le Président, Fr∴ ALBERT JUNOD, 33e, ouvre la séance à l'heure fixée. Conformément au programme, avant de passer aux tractanda, il donne la parole au Tr∴ P∴ Fr∴ GOBLET D'ALVIELLA, 33e, pour la Conférence qu'il a bien voulu préparer sur LA POURSUITE DU ROYAL SECRET.

Cette Conférence, extrêmement intéressante, à laquelle étaient invités, outre les délégués, tous les FF∴ du 32e et du 33e degr∴, fut soulignée d'unanimes applaudissements. Description philosophique des magnifiques rituels adoptés en Belgique pour les grades supérieurs, elle ne peut trouver place dans ce compte-rendu; mais son auteur voulut bien consentir à ce qu'elle fût déposée dans les archives du Suprême Conseil de Suisse, avec les autres documents relatifs à la Conférence internationale

Relations entre le Suprême Conseil d'Espagne et les Suprêmes Conseils des Etats-Unis.

A la reprise de séance, le Président appelle l'attention des délégués sur la première question mise à l'ordre du jour, soit le différend entre les deux Suprêmes Conseils des Etats-Unis d'Amérique et le Suprême Conseil d'Espagne.

L'Ill∴ Fr∴ BARTON SMITH, 33e, rapporte que, pour donner suite à la décision de la Conférence, les deux Suprêmes Conseils, par l'intermédiaire de leurs représentants, ont eu une entrevue pour discuter de la question et qu'il a le plaisir d'annoncer qu'un accord est intervenu entre eux.

Chacun des Conseils était représenté, à cette entrevue, par deux FF∴, savoir : pour la Juridiction Sud des Etats-Unis, l'Ill∴ Fr∴ EDWARD C. DAY, 33e, et l'Ill∴ Fr∴ PERRY W. WEIDNER, 33e; pour la Juridiction maçonnique Nord des Etats-Unis, l'Ill∴ Fr∴ BARTON SMITH, 33e, et l'Ill∴ Fr∴ JAMES I. BUCHANAN, 33e; pour l'Espagne, l'Ill∴ Fr∴ AUGUSTE BARCIA, 33e, et l'Ill∴ Fr∴ MANUEL PORTELA, 33e.

Les représentants du Suprême Conseil d'Espagne ayant exprimé la volonté et le désir de se ranger, pour autant qu'il

serait en leur pouvoir, aux vues de leurs FF.·. américains,
dans un cordial accord avec eux, les délégués des deux Suprêmes Conseils des Etats Unis d'Amérique adressent à la
Conférence la requête suivante :

A la Conférence internationale des Suprêmes Conseils,
33ᵉ :
La commission spéciale de la Conférence des Suprêmes
Conseils, ayant examiné la plainte présentée par les Su-
prêmes Conseils des Juridictions Sud et Nord des Etats-Unis
d'Amérique, concernant l'invasion de leur territoire par le
Suprême Conseil d'Espagne, prie la Conférence d'inviter le
Suprême Conseil d'Espagne à se retirer de leur territoire.

Adopté à l'unanimité.

Sur quoi, les représentants du Suprême Conseil d'Espagne déposent la déclaration ci-après :

A la Conférence des Suprêmes Conseils,
à LAUSANNE, (Suisse).

Illustres Frères,

Les soussignés, délégués du Suprême Conseil d'Espagne
à cette Conférence, déclarent solennellement par la présente,
qu'aussitôt retournés à Madrid, ils enjoindront au Suprême
Conseil d'Espagne de prendre des mesures immédiates pour
retirer les chartes de toutes les associations prétendant être
maçonniques, sous son obédience, dans le territoire des
Etats-Unis et le district de Colombie.
Nous promettons aussi solennellement d'employer toute
notre influence et tout notre pouvoir pour obtenir une mesure identique à l'égard des associations existant dans les
mêmes territoires, sous l'obédience du Grand Orient d'Espagne.
Nous promettons, en outre, que nous n'encouragerons
ni ne tolérerons aucun acte ou attitude contraires aux désirs
des FF.·. des Etats-Unis d'Amérique, au sujet des associa-

tions placées sous l'obédience de l'autorité maçonnique organisée d'Espagne, dans l'île de Portorico et aux Philippines.

(Signé) AUGUSTE BARCIA, 33ᵉ, G.M.I.G.O.E.
MANUEL PORTELA, 33ᵉ,
JOSE LESCURA, 33ᵉ.

Au nom de la Conférence, le Président prend acte de
cette déclaration.

Admission, à la Conférence, du Suprême Conseil d'Espagne.

L'Ill.·. Fr.·. BARTON SMITH, 33ᵉ, Ancien Gr.·. Comm.·.
de la Juridiction maçonnique Nord, présente alors la résolution suivante qui, appuyée par l'Ill.·. Fr.·. ED. C. DAY,
Grand Ministre d'Etat de la Juridiction Sud, U.S.A., est acceptée à l'unanimité par la Conférence :
Qu'il soit résolu que :

l'Ill.·. Fr.·. AUGUSTE BARCIA, 33ᶜ, Gr.·. M.·. del Gr.·. Or.·.
Deputado, Serrano 66, Madrid;
l'Ill.·. Fr.·. MANUEL PORTELA, 33ᶜ,
Deputado, Cortes 641, Barcelone ;
l'Ill.·. Fr.·. JOSE LESCURA, 33ᶜ,
Coronel de Marina, Corredera Baja, 1, Madrid.

prennent place dans cette Conférence en qualité de membres
réguliers et avec tous droits et pouvoirs, comme délégués du
Suprême Conseil d'Espagne.

Rapport partiel de la Section 1 :
„Régularité des Suprêmes Conseils".
Reconnaissance de Suprêmes Conseils nouvellement
organisés.

L'Ill.·. Fr.·. RAOUL PALERMI, 33ᵉ, Souv.·. Gr.·. Comm.·.
du Suprême Conseil d'Italie, Président de la première Section, soumet le rapport partiel suivant qui est approuvé à
l'unanimité :

1. Cette Conférence recommande au SS∴ CC∴ confédérés de reconnaître comme régulier le Suprême Conseil de Tchécoslovaquie, fondé sous les auspices des SS∴ CC∴ de Suisse et d'Italie et d'échanger avec lui des garants d'amitié.

Si cette résolution est adoptée, la Section propose que les délégués du Suprême Conseil de Tchécoslovaquie soient admis à participer à la Conférence.

2. Cette Conférence recommande aux SS∴ CC∴ confédérés de reconnaître comme régulier le Suprême Conseil de Pologne, constitué sous les auspices des SS∴ CC∴ de Suisse, d'Italie et des Pays-Bas, et d'échanger avec lui des garants d'amitié.

Si cette résolution est adoptée, la Section propose que les délégués du Suprême Conseil de Pologne soient admis à participer à la Conférence.

Le Président fait alors inviter les délégués des Suprêmes Conseils de Tchécoslovaquie et de Pologne à prendre part aux travaux et, après quelques mots de bienvenue, soulignés par les applaudissements de l'assemblée, présente à la Conférence :

Pour le Suprême Conseil de Tchécoslovaquie :

Ill∴ Fr∴ ALFONS MUCHA, 33e, Souv∴ Gr∴ Comm∴
Artiste-peintre, Thunovska, 25, Prague.

Ill∴ Fr∴ LADISLAS SYLLABA, 33e, Gr∴ Or∴
Professeur, Kràl, Vinohrady, Blanickà c. 3, Prague.

Ill∴ Fr∴ VIKTOR DWORSKY, 33e, Gr∴ Chanc∴
Professeur à l'Université, Drèvniulice c. 6, Prague.

Pour le Suprême Conseil de Pologne :

Ill∴ Fr∴ ANDRÉ STRUG, 33e, Souv∴ Gr∴ Comm∴
Rue Bagatela, 15, Varsovie.

Ill∴ Fr∴ RAFAL RADVINILLOWICZ, 33e. Gr∴ Or∴
Alea 3 Maja, 12, Varsovie.

Ill∴ Fr∴ GIUSEPPTE STABILE, 33e, (Italie).
Maggiore, 3º Reggimento Bersaglieri, Livourne (Italie).

Après cette cordiale réception, l'Ill∴ Fr∴ André Strug, 33ᵉ, Souv∴ Gr∴ Comm∴ du Suprême Conseil de Pologne, adresse des remerciements à l'assemblée.

La Conférence est ensuite ajournée au vendredi 2 juin 1922, à 9 heures du matin.

Tenue Solennelle au 18ᵉ degré.

Le même jour 31 mai, à 17 heures, eut lieu dans le Temple maçonnique, sous la présidence du Souv∴ Gr∴ Comm∴ Junod, 33ᵉ, une Tenue solennelle au 18ᵉ degré, avec présentation aux Ill∴ FF∴ délégués, des GG∴ Il∴ GG∴, 33ᵉ degré, et des députations du Consistoire du 32ᵉ degré, des trois Aréopages et des quatre Chapitres placés sous l'obédience du Suprême Conseil de Suisse.

L'Ill∴ Fr∴ Henri Duaime, 33ᵉ, Gr∴ Or∴, salua les Ill∴ FF∴ délégués au nom de la maçonnerie écossaise de Suisse, dont il exposa le programme particulier.

Le T∴ P∴ Fr∴ René Raymond, 33ᵉ, Souv∴ Gr∴ Comm∴ du Suprême Conseil de France, répondit au nom des délégués.

VENDREDI 2 JUIN 1922, A 9 HEURES

La Conférence est rouverte à l'heure fixée, sous la présidence du T∴ P∴ Fr∴ Albert Junod, 33ᵉ.

Adresse au Tr∴ Ill∴ Fr∴ Barton SMITH, 33ᵉ.

Le T∴ P∴ Fr∴ Léon M. Abbott, 33ᵉ, Souv∴ Gr∴ Comm∴ de la Juridiction maçonnique Nord des Etats-Unis, annonce que le T∴ Ill∴ Fr∴ Barton Smith, 33ᵉ, ancien Gr∴ Comm∴, souffre, depuis hier, d'une indisposition. Bien que son état de santé soit déjà meilleur ce matin, il ne peut assister à la séance, ce qu'il regrette d'autant plus que ce jour marque le 70ᵉ anniversaire de sa naissance.

25

Au nom de la Conférence, le Président prie le T∴ P∴
Fr∴ Abbott, 33e, de vouloir bien transmettre, au Fr∴
Barton Smith, les vifs regrets de tous ses FF∴ au sujet
de sa maladie, leurs vœux sincères pour une guérison ra-
pide et leurs félicitations pour son anniversaire.

Témoignage de reconnaissance aux interprètes

de la Conférence.

Par l'organe du T∴ P∴ Fr∴ Léon Abbott, 33e, les
deux juridiction Sud et Nord des Etats-Unis demandent la
parmission d'offrir, au nom de la Conférence, à l'Ill∴ Fr∴
Albert Pecorini, 33e, un témoignage de reconnaissance
pour les services précieux qu'il a rendus comme interprète
officiel.

Cette demande est motivée par le fait que les délégués
des Etats-Unis estiment être ceux qui, surtout et presque exclusivement, bénéficièrent de ces services, par suite de leur
inhabileté à parler et à comprendre la langue française.

Le Président annonce que le Suprême Conseil de Suisse
avait précisément la même intention que les FF∴ d'Amérique à l'égard de l'Ill∴ Fr∴ Pecorini, 33e, et à l'égard de
l'Ill∴ Fr∴ Armand Anspach, 33e, qui a secondé le premier
dans sa tâche. Le Suprême Conseil de Suisse renonce volon-
tier à son intention, en faveur de nos FF∴ d'Amérique, à
l'égard de l'Ill∴ Fr∴ Pecorini; mais il demande aussi
d'être autorisé à la mettre à exécution à l'égard de l'Ill∴
Fr∴ Anspach.

La Conférence accorde les autorisations demandées et
vote à l'unanimité des remerciements aux Ill∴ FF∴ Pecorini et Anspach, pour leur aimable collaboration.

20

Invitations pour la Quatrième Conférence internationale.

Le T∴ P∴ Fr∴ RENÉ RAYMOND, 33ᵉ, Souv∴ Gr∴ Comm∴ du Suprême Conseil de France, transmet à l'assemblée au nom de ce Conseil, une invitation à fixer à Paris, en 1927, le siège de la Quatrième Conférence internationale, sous les auspices du Suprême Conseil de France.

Le Président donne lecture de la lettre suivante :

Lausanne, le 1ᵉʳ juin 1922.

Au T∴ P∴ Grand Commandeur du Suprême Conseil
des 33ᶜˢ, de SUISSE,

Président de la Conférence internationale
des Suprêmes Conseils,

T∴ P∴ et cher Frère,

J'ai l'honneur de vous annoncer, au nom du Suprême Conseil des 33ᵉˢ de la République Argentine dont j'ai le plaisir d'être le délégué à la Conférence, que mon Suprême Conseil serait bien heureux d'être choisi pour organiser la prochaine Conférence des Suprêmes Conseils, dans la ville de Buenos-Aires.

J'ai le plaisir et l'honneur d'offrir à la Conférence notre hospitalité et de vous assurer que, si vous voulez bien accueillir favorablement notre invitation, il en résultera un très grand encouragement pour toute la Maçonnerie écossaise de l'Amérique du Sud.

Acceptez, mon T∴ P∴ Grand Commandeur, l'expression de mon dévouement fraternel.

(Signé) ALEJANDRO SORONDO, 33ᵉ,
Souv∴ Gr∴ Comm∴

Télégramme du Sup.˙. Cons.˙. de Colon-Cuba.

Le télégramme suivant, reçu du T.˙. P.˙. Fr.˙. Antonio
Ruiz, 33e, Souv.˙. Gr.˙. Comm.˙. du Supr.˙. Cons.˙. de Colon-
Cuba, est communiqué à l'assemblée qui en prend acte avec
regrets :

Président Congrès international des Suprêmes Conseils
du Rite écossais ancien accepté,

LAUSANNE

Vifs regrets que Jean Alsina, Lieutenant Gr.˙. Comm.˙.,
délégué de notre Suprême Conseil de Colon, en route pour
Congrès international soit tombé subitement malade, à New-
York. Veuillez exprimer nos sentiments fraternels et nos
meilleurs vœux aux Suprêmes Conseils réunis.

Rapport de la Section 1 :
„Régularité des Suprêmes Conseils".
Accession de Francs Maçons Russes au 33e Degré.

Le T.˙. P.˙. Fr.˙. Raoul V. Palermi, 33e, Souv.˙. Gr.˙.
Comm.˙. du Supr.˙. Cons.˙. d'Italie, présente la suite du
rapport de la première section et fait, au nom de cette der-
nière, la proposition ci-après :

« Cette Conférence recommande à l'approbation des Suprêmes Conseils la résolution suivante :

1.   Le Supr.˙. Cons.˙. de France est spécialement chargé
de suivre la question de la constitution d'un Supr.˙. Cons.˙.
de Russie, ceci afin d'éviter, dans l'avenir, la possibilité de
conflits de juridictions dans ce pays et, à cette fin, aucun
autre Supr.˙. Cons.˙. ne conférera le 33e degré à des réfugiés
russes, sans délégation spéciale du Supr.˙. Cons.˙. de France.

Après discussion, cette résolution est adoptée.

28

La Première Section a reçu diverses communications
qui n'ont pas donné lieu à une discussion ni à un vote. Elles
se résument comme suit :

1. Le Supr.·. Cons.·. de la Juridiction Sud des Etats-
Unis d'Amérique a établi, en Chine, des Loges, des Chapitres,
des Conseils et des Consistoires, composés de Chinois ins-
truits ayant séjourné en Amérique ou en Angleterre.

2. Le Supr.·. Cons.·. des Pays-Bas ne perd pas de vue
l'introduction de l'Ecossisme en Allemagne. Il déclare que
ce n'est que dans un avenir éloigné et lorsque l'esprit de
l'Allemagne aura changé, que cette question pourra être résolue.

3. La Maç.·. de Roumanie est en relations avec la
Maç.·. irrégulière de Thomson, mais elle croit, de bonne foi,
être en relations avec la véritable Maç.·. écossaise américaine. Il convient de ne perdre aucune occasion de l'éclairer.

4. La Section a également entendu trois FF.·. russes,
de l'obédience du Supr.·. Cons.·. de France et a reçu d'eux,
avec grande satisfaction, des renseignements sur leurs espé-
rances ».

Rapport partiel de la Section 2 :
„Défense contre les irréguliers“.

L'Ill.·. Fr.·. John H. Cowles, 33°, Souv.·. Gr.·. Comm.·.
du Supr.·. Cons.·. de la Juridiction Sud, U.S.A., présente le
rapport suivant qui est adopté à l'unanimité.

(TRADUCTION)

A la Conférence internationale des Suprêmes Conseils
du 33° degré :

La seconde Section, ayant considéré les questions sou-
mises à son étude, relatives à la protection contre les organisations irrégulières et clandestines, propose les résolutions
suivantes :

Résolution 1. Selon l'opinion de cette Conférence, chaque Supr.·. Cons.·. doit être souverain et libre de tout con-

trôle ou direction de tout autre corps ou organisation maç.·.,
dans la manière de choisir ses membres, dans la nomination
de ses Off.·. et dans la durée de leurs fonctions, dans l'adoption de ses règlements et dans ses pouvoirs de législation,
dans ses rapports avec ses membres et avec tous les corps
qui lui sont subordonnés dans sa Juridiction, sous réserve
des droits des Grandes LL.·. régulières qui dirigent les trois
premiers grades, conformément aux règlements et aux lois
de l'Ancienne Maçonnerie.

RÉSOLUTION 2. A l'avenir, tout Supr.·. Cons.·. accordant
ou retirant sa reconnaissance à un autre Supr.·. Cons.·., notifiera immédiatement sa décision à tous les autres SS.·.
CC.·., ainsi que les raisons qui la justifient. Si ce refus ou
retrait de reconnaissance est approuvé par la majorité des
SS.·. CC.·. représentés à cette Conférence, le Sup.·. Cons.·.
auquel la reconnaissance a été retirée, ne pourra participer,
à l'avenir, à une Conférence internationale, jusqu'au moment où la cause du retrait de reconnaissance aura été reconnue non fondée par la majorité des SS.·. CC.·. représentés à la plus prochaine Conférence internationale.

RÉSOLUTION 3. A l'avenir tout Supr.·. Cons.·., autre que
ceux déjà représentés à cette Conférence et à celles de 1907 et
1912, qui demanderait à être admis à une Conférence internationale des SS.·. CC.·., devra fournir à la Conférence la
preuve que son organisation et son activité sont bien en harmonie avec les principes établis par les Gr.·. Const.·. et
Règl.·. de 1762 et 1786, ces Constitutions et Règlements
ayant été universellement promulgés et restant en vigueur.

RÉSOLUTION 4. Tous les corps de Maç.·. libres et acc.·.
ou toutes les personnes qui confèrent des grades, accomplissent des rites ou dirigent des travaux du Rite écoss.·. anc.·.
acc.·. ou les SS.·. CC.·. de ceux-ci, qui ne sont pas mentionnés dans la liste des SS.·. CC.·. invités ou représentés par des
délégués à cette Conférence ou qui ne seront pas reconnus et
admis, plus tard, comme réguliers, par la majorité des SS.·.
CC.·. confédérés, doivent être considérés comme des corps
irréguliers et clandestins.

Aucun Maç.·. du Rite écoss.·. anc.·. acc.·. ne doit avoir, en quelque circonstance que ce soit, n'importe quel rapport avec aucun de ces corps irréguliers, ni avec aucun membre ou corps subordonné agissant sous leur autorité.

Dorénavant, aucun corps ne sera considéré comme un Supr.·. Cons.·. régulier, dans aucun pays, à moins qu'il ne se soit fait reconnaître par tous les SS.·. CC.·. confédérés et n'ait établi des relations fraternelles avec eux, dans une période de quatre ans à partir de la date de sa fondation.

RÉSOLUTION 5. Les SS.·. CC.·. confédérés recommandent à toutes les organisations appartenant à leur Juridiction, de ne pas entretenir de relations quelconques avec des corps irréguliers, ceci conformément à la résolution précédente. A cette fin, chaque Supr.·. Cons.·. communiquera à toutes les organisations de son obédience la liste de tous les SS.·. CC.·. réguliers et les présentes résolutions.

RÉSOLUTION 6. Le Secr.·. Gén.·. ou un autre officier compétent de chaque Supr.·. Cons.·. communiquera à tous les autres SS.·. CC.·. considérés comme réguliers par cette Conférence, une liste de tous les corps maç.·., soit du Rite Ecoss.·. Anc.·. Acc.·., soit d'un autre Rite, reconnus comme réguliers, ainsi qu'une liste, aussi complète que possible, de tous les corps considérés comme irréguliers.

RÉSOLUTION 7. Regrettant et déplorant que beaucoup d'hommes honorables qui seraient de bons maçons et un ornement de notre Ordre, soient devenus membres d'organisations irrégulières et clandestines qui s'intitulent maçonniques, la Conférence donne à tous ces hommes de caractère droit et moral, le conseil de faire des démarches immédiates pour devenir membres d'associations maç.·. régulières et internationalement reconnues ; elle recommande aux corps maç.·. auxquels ils pourraient s'adresser, de recevoir leur demande avec courtoisie et bienveillance et de leur accorder l'aide nécessaire à l'accomplissement de leur louable dessein.

RÉSOLUTION 8. La demande en reconnaissance reçue du Gr.·. Or.·. de Danemark est, de fait, résolue négativement

par les décisions de principe déjà adoptées par la Conférence.
En conséquence aucune suite n'y sera donnée.

Souvenir offert au Supr.·. Cons.·. de Suisse.

Au nom des SS.·. CC.·. représentés à cette Conférence,
l'Ill.·. Fr.·. EDWARD C. DAY, 33ᵉ, Grand Ministre d'Etat de
la Jur.·. Sud, U.S.A., offre au Supr.·. Cons.·. de Suisse en
souvenir de sa réception cordiale et fraternelle, une magni-
fique pendule.

Le Président remercie vivement les Ill.·. FF.·. délégués.
et au nom des FF.·. de Suisse qui n'ont fait que très modes-
tement leur devoir, il accepte ce beau présent, non comme
une récompense, mais comme un témoignage d'amitié.

La Conférence est ajournée à 3 heures de l'après-midi.

VENDREDI 2 JUIN, A 15 HEURES

La Conférence reprend à l'heure fixée, sous la présidence du T.·. P.·. Fr.·. ALBERT JUNOD, 33ᵉ.

Résolution en faveur de la paix universelle.

Le T.·. P.·. Fr.·. LÉON M. ABBOTT, 33ᵉ, Souv.·. Gr.·.
Comm.·. de la Jur.·. maç.·. Nord, U.S.A., présente la résolution suivante qui est adoptée à l'unanimité :

« Les délégués à cette Conférence internationale prennent
l'engagement de vouer tous leurs efforts et d'employer toute
leur influence à l'établissement d'une paix universelle et
permanente parmi les nations. Ils déclarent, en outre, qu'ils
approuvent de tout leur cœur les efforts faits par les représentants des divers gouvernements, pour amener une plus
grande harmonie, une entente plus cordiale et de meilleures
relations entre les peuples du monde.

Suivant les anciennes constitutions de notre Rite, le but
de notre Société est l'harmonie, le bonheur, le progrès et le
bien-être de la race humaine en général et de chaque indi-

vidu en particulier. Nos rituels nous enseignent que ce but
ne peut être atteint que par la pratique de l'amour fraternel.

Nous désirons par conséquent rappeler à chaque membre du Rite que, partout où il se trouve, il a le devoir et l'obligation d'employer en toute occasion et envers tous les hommes, toute son influence personnelle pour faire triompher cette règle.

Nous nous engageons à renouveler sans cesse et à nous appliquer à rendre plus efficaces nos efforts pour combattre la haine et l'amertume, pour détruire l'ignorance et la superstition ; pour apporter, par les lumières de l'éducation, la joie et la paix dans les cœurs et dans la vie de tous les hommes de n'importe quelle race, quelle langue ou quelle religion. »

Rapport additionnel de la Section 2 :
„Défense contre les irréguliers".
Propositions du Suprême Conseil d'Egypte.

Le T.·. Ill.·. Fr.·. Paul Maillefer, 33ᵉ, Souv.·. Gr.·. Comm.·. d'honneur du Supr.·. Cons.·. de Suisse. délégué par le Supr.·. Cons.·. d'Egypte à cette Conférence ayant, conformément à son mandat, déposé sur le bureau des propositions de ce Suprême Conseil, la Conférence, après discussion, adopte à l'unanimité une résolution de la Deuxième Section, présentée par son Président, le T.·. P.·. Fr.·. John H. Cowles, 33ᵉ, comme suit :

« Après avoir pris connaissance des communications reçues du Supr.·. Cons.·. d'Egypte et de M. G. Camera, concernant certaines revendications au sujet du Supr.·. Cons.·. d'Italie et considérant que le Supr.·. Cons.·. présidé par le Tr.·. P.·. Fr.·. Raoul Palermi est le seul Supr.·. Cons.·. régulier en Italie et le seul reconnu en cette qualité, par tous les SS.·. CC.·. représentés à cette Conférence, la Conférence décide que les communications susdites, du Supr.·. Cons.·. d'Egypte et de M. Giovanni Camera, ne sont pas prises en considération. »

3

Rapport de la Section 3 : „Unité du Rite".

Au nom de la TROISIÈME SECTION, son président, le T.·.
P.·. Fr.·. GOBLET D'ALVIELLA, 33ᵉ, Souv.·. Gr.·. Comm.·. du
Suprême Conseil de Belgique, présente le rapport suivant
qui est approuvé à l'unanimité :

A la Conférence internationale du 33ᵉ degré.

La TROISIÈME SECTION a examiné les différentes questions qui lui ont été assignées et elle soumet à la Conférence
les remarques et recommandations suivantes :

QUESTION Nᵒ 3 : **Attitude à prendre à l'égard des exilés russes.** — La TROISIÈME SECTION avait abordé l'examen
de cette question quand elle a appris que la Première Section
s'en était déjà occupée. Nous ne pouvons, du reste, que la
féliciter de la solution qu'elle a proposée et qui a déjà aussi
donné lieu à une ratification solennelle par la Conférence.

QUESTION Nᵒ 4 : **Collaboration de la Maçonnerie en
faveur de la paix mondiale.** — Cette question a été retirée
par le Supr.·. Cons.·. de France qui l'avait présentée. Voici
longtemps déjà que, à plusieurs reprises, la Maçonnerie écossaise tout entière, comme d'autres Rites, s'est prononcée en
faveur des mesures de nature à amener la substitution de
l'arbitrage à la guerre comme moyen de régler les différends
entre les nations et d'amener ainsi la paix universelle.

QUESTION Nᵒ 5 : **Comment faire fleurir l'Ecossisme, là
où il n'existe pas encore?** — La section est d'avis qu'il y a
lieu d'intensifier la propagande individuelle auprès des
membres réguliers des Loges symboliques qui semblent dis-
posés à comprendre et à appliquer les principes et les mé-
thodes de l'Ecossisme.

QUESTION Nᵒ 7 : **Maintien, à Paris, de l'American Masonic Headquarters.** — Cette proposition a été retirée de l'avis
unanime de la Section.

QUESTION N° 8 : (Voir question N° 10).

QUESTION N° 9 : **Relations des GG∴ Loges avec les Supr∴ Conseils.** — Un membre a fait observer qu'au sein de plusieurs juridictions, des Grandes Loges ou d'autres organismes maçonniques interviennent dans le choix des membres des SS∴ CC∴, lesquels, d'après les Grandes Constitutions, doivent être choisis exclusivement d'après le système de la cooptation ; bien plus, que ces organismes interviennent directement ou indirectement dans la nomination du Souv∴ Gr∴ Comm∴ lui-même. Il estime qu'il faùdrait mettre fin à ces abus, et que partout il conviendrait de revenir aux principes établis par les Grandes Constitutions.

Un autre membre a fait observer que le cas ne peut se produire dans les Juridictions écossaises qui admettent le droit des Grandes Loges de gouverner exclusivement les Loges symboliques, en laissant au Suprême Conseil une autorité absolue sur les degrés supérieurs et le droit de régler sa propre organisation. Tel est le système admis dans toutes les Juridictions de l'Amérique septentrionale et en outre, sur le continént, en Belgique, en Suisse, en France et dans la plupart des autres pays. Il est d'accord que s'il y a des exceptions il convient d'y mettre fin.

Un autre membre a fait la proposition que tout Suprême Conseil ne se conformant pas à cette règle ne soit plus admis à la Conférence, aussi longtemps qu'il n'admettra pas le droit absolu des Suprêmes Conseils de choisir leurs propres membres et leur Souverain Grand Commandeur sans intervention d'aucune autorité étrangère.

Tous les membres présents se sont ralliés à cette idée, mais quelques-uns estimaient qu'il n'y avait pas lieu de passer à un vote, parce que la question a déjà été examinée par la Première Commission qui va porter à la Conférence une proposition conçue dans le même esprit.

Conséquemment la Section, tout en constatant l'accord unanime de ses membres, a décidé de ne pas passer au vote sur la question.

QUESTION N° 8 et N° 10 : **Unification des rituels, brefs, passeports, etc.** — Quelques membres ont fait observer combien il serait utile d'amener les différentes Juridictions à unifier, non pas leurs rituels ou leurs initiations, ce qui ne serait ni possible, ni désirable ; mais bien, d'une part, les mots, signes, batteries par lesquels les Maçons écossais se reconnaissent entre eux ; d'autre part, les certificats, diplômes, passe-ports maçonniques qui leur permettent de se faire reconnaître dans les Juridictions étrangères à leur propre Juridiction.

Mais la Section, en majorité, estime qu'il est inutile de réclamer cette réforme, étant donné que les délégués de la Maçonnerie américaine déclarent qu'il leur serait impossible de la faire admettre par leurs Juridictions respectives.

QUESTION N° 10 : **Etablissement d'un bureau central auprès d'un Suprême Conseil.** — Cette proposition est combattue par plusieurs membres comme inutile et même dangereuse, comme constituant un premier pas vers une centralisation contraire à l'autonomie absolue des Suprêmes Conseils. D'après eux, l'échange de correspondance entre les Secrétariats suffit à tous les besoins. Il faut remercier le Suprême Conseil de Suisse de son offre généreuse d'assumer, avec le concours des SS∴ CC∴ fédérés, la gérance de cette nouvelle institution, mais ils ne croient pas pouvoir l'accepter.

D'autres membres ne croient pas à l'existence du danger ainsi signalé et estiment qu'à tous les points de vue, il serait utile de créer pour l'Ecossisme, à l'instar d'autres Rites, un centre permanent d'informations.

La question ayant été mise aux voix, cinq membres contre quatre se prononcèrent pour la création d'un secrétariat permanent, mais un des opposants rappela qu'il suffit de l'opposition de trois délégations pour qu'une décision ne puisse figurer dans les actes de la Conférence.

Divers manuscrits ont été soumis à la Commission : l'un, présenté au nom du Portugal, se rapporte à l'unité des

Rituels ; un autre, au nom de la République Argentine, à
l'impression des diplômes et des patentes, etc.

La commission a décidé de les joindre aux procès-ver-
baux de ses délibérations pour être transmis à la Conférence.

Buenos-Ayres siège de la Quatrième Conférence
internationale, en 1927.

Sur proposition de l'Ill.˙. Fr.˙. ALBERT PECORINI, 33ᵉ, du
Supr.˙. Cons.˙. d'Italie, la Conférence vote des remerciements aux Suprêmes Conseils de France et d'Argentine
pour leurs cordiales invitations.

Le T.˙. P.˙. Fr.˙. RENÉ RAYMOND, 33ᵉ, Souv.˙. Gr.˙.
Comm.˙. du Supr.˙. Cons.˙. de France, annonce alors que ce
dernier retire la sienne pour 1927, afin qu'une acceptation
unanime puisse répondre au cordial appel du Suprême Conseil de l'Argentine. Après quoi, sur proposition dûment appuyée, l'assemblée décide à l'unanimité que la prochaine
session de la Conférence internationale aura lieu en 1927, à
Buenos-Ayres, sous les auspices du Suprême Conseil de
l'Argentine.

Télégramme du Bureau international de la paix, à Berne.

Le Président, T.˙. P.˙. Fr.˙. JUNOD, 33ᵉ, donne lecture
du télégramme suivant :

Président Conférence des Suprêmes Conseils maçonniques,

LAUSANNE

Le Bureau international de la Paix, à Berne, estimant
qu'une paix véritable ne sera établie que par les efforts con-
certés des masses populaires et des groupements obéissant
aux impératifs du droit, sollicite l'appui des Loges maçonniques et demande aux délégués réunis aujourd'hui à Lausanne d'intervenir dans ce sens dans leurs milieux respectifs.

En réponse à ce télégramme, la Conférence décide de
communiquer, au Bureau international de la Paix, la réso-

lution votée au début de la séance de ce jour, sur la proposition du T∴ P∴ Fr∴ Léon M. Abbott, 33°.

Adresse de remerciements au Président Harding.

La Conférence approuve le télégramme suivant que le T∴ P∴ Fr∴ Junod, 33ᵉ, propose d'adresser à l'Honorable Warren G. Harding, Président des Etats-Unis, en réponse à sa cordiale lettre, communiquée à la Conférence, le 29 mai 1922, par le T∴ P∴ Fr∴ Léon M. Abbott, 33ᵉ, Souv∴ Gr∴ Comm∴ du Suprême Conseil de la Juridiction maçonnique Nord des Etats-Unis.

Lausanne, (Suisse), le 2 juin 1922.

Hon. Warren G. Harding,
Président des Etats-Unis,

WASHINGTON, D. C.

Conférence des Suprêmes Conseils du Rite écossais du monde vous envoie salutations fraternelles et cordiaux remerciements de votre vibrant message.

(Signé) Junod,
Président de la Conférence.

Remerciements au Président de la Conférence et au
Suprême Conseil de Suisse.

L'Ill∴ Fr∴ Thomas R. Marshall, 33°, de la Juridiction maçonnique nord des Etats-Unis, soumet à l'approbation de l'assemblée la résolution ci-après qui est adoptée à l'unanimité :

La Conférence internationale des SS∴ CC∴ de la Maç∴ écoss∴ adresse ses remerciements à l'honorable Fr∴ Albert Junod, son président effectif, pour la dignité, l'habileté et la courtoisie envers tous dont il a fait preuve dans l'accomplissement de ses fonctions.

Ces remerciements sont étendus au Supr∴ Cons∴ de Suisse, pour la réception cordiale et la courtoise hospitalité qu'il a offertes aux délégués en toute occasion.

Clôture de la Troisième Conférence internationale.

Le Président, T∴ P∴ Fr∴ ALBERT JUNOD, 33e, au nom des Fr∴ de Suisse, adresse aux Ill∴ FF∴ délégués les adieux les plus cordiaux, leur souhaite un heureux retour dans leurs foyers et ajourne, sans date, à 17 heures, la TROISIÈME CONFÉRENCE INTERNATIONALE DES SUPRÊMES CONSEILS DU RITE ÉCOSSAIS ANCIEN ACCEPTÉ.

AD. BLASER, secrétaire.

PERRY W. WEIDNER, secrétaire.

TRANSACTIONS

of the

THIRD INTERNATIONAL CONFÉRENCE

of

Supreme Councils

of the

ANCIENT AND ACCEPTED SCOTTISH RITE

LAUSANNE, SWITZERLAND

May 29 to June 2, 1922

LAUSANNE

PRINTED BY JORDAN, BLANC & BRO∴ L. NOVERRAZ

—

1922

TRANSACTIONS

of the

THIRD INTERNATIONAL CONFERENCE

of

Supreme Councils

of the

ANCIENT AND ACCEPTED SCOTTISH RITE

LAUSANNE, SWITZERLAND

May 29 to June 2, 1922

Pursuant to the conclusions of the Second International Conference at Washington, D. C., U. S. A., in the year A. D. 1912, relative to the convening of the Third International Conference of Supreme Councils of the Ancient and Accepted Scottish Rite and to the adjustment of time and place of meeting of the Sovereign Grand Commander of the Supreme Council of Switzerland and in accordance with the invitations and notices published and sent of the Supreme Council of Switzerland, the Illustrious Brethren, Active Members of regular Supreme Councils, and others, appointed special delegates *ad hoc*, assembled at the Masonic Temple in the City of Lausanne, Switzerland, on Monday, May 29, 1922, at 3 p. m.

The M∴ P∴ Brother ALBERT JUNOD, 33°, Sovereign Grand Commander of the Supreme Council of Switzerland, called the delegates to order and eloquently greeted the representatives of the Supreme Councils present, giving assurance of a hearty welcome on the part of the brethren in Switzerland.

To this the Sovereign Grand Commanders present made fitting response, speaking in order of the seniority of their Councils :

M∴ P∴ Brother JOHN H. COWLES, 33º, for the Southern Jurisdiction of the United States of America.

M∴ P∴ Brother RENÉ RAYMOND, 33º, for France.

M∴ P∴ Brother LEON M. ABBOTT, 33º, for the Northern Masonic Jurisdiction of the United States of America.

M∴ P∴ Brother GOBLET D'ALVIELLA, 33º, for Belgium.

M∴ P∴ Brother ALEJANDRO SORONDO, 33º, for Argentina.

M∴ P∴ Brother RAOUL V. PALERMI, 33º, for Italy.

M∴ P∴ Brother P. G. H. DOP, 33º, for the Netherlands.

Delegates of other Supreme Councils also addressed the Conference.

In the course of the remarks made by Ill∴ Brother ABBOTT, he read the following letter which he had received from the President of the United States, it being received with prolonged applause on the part of the delegates :

White House
Washington

May 2, 1922.

My dear Mr. ABBOTT :

I am writing to express to you and to your fellow delegates, who will represent the Supreme Council of the Northern Jurisdiction at the International Conference of Supreme Councils of the World at Lausanne, a few weeks hence, my deep interest in the mission on which you are going abroad. I understand that you will meet representatives of most of the Supreme Councils of the World, and I feel that the acquaintance and association is certain to be productive of increased cordiality and understanding in the relations among nations.

Your noble organization has traditionally stood for the

best of human ideals and aspirations, and it is not too much,
I think, to hope, that its influence may be potent in behalf of
peace and the wider acceptance of the splendid principles to
which Masonry has always been devoted.

Very sincerely,

(Signed) WARREN G. HARDING.

In accordance with the understanding had at an unofficial meeting of the Sovereign Grand Cammanders and chiefs of delegations, held at 10 o'clock on the morning of May 29, the Chairman appointed the following committees:

ON REGULATIONS

Ill.·. Bro.·. EDWARD C. DAY, 33º, Grand Minister of State, of the Supreme Council for the Southern Jurisdiction, U. S. A.

Ill.·. Bro.·. RENÉ CHAILLIÉ, 33º, Grand Secretary General of the Supreme Council of France.

Ill.·. Bro.·. AUGUSTE BARCIA, 33º, of the Supreme Council of Spain.

Ill.·. Bro.·. BARTON SMITH, 33º, Past Grand Commander of the Supreme Council of the Northern Masonic Jurisdiction, U. S. A.

Ill.·. Bro.·. GOBLET D'ALVIELLA, 33º, Sovereign Grand Commander of the Supreme Council of Belgium.

Ill.·. Bro.·. ALBERT GRACIE, 33º, of the Supreme Council of Brazil.

Ill.·. Bro.·. G. M. METELLI, 33º, representative for the Supreme Council of Portugal.

Ill.·. Bro.·. ARNOLD ZURCHER, 33º, representative for the Supreme Council of Uruguay.

Ill.·. Bro.·. EDOUARD AUDEOUD, 33º, representative for the Supreme Council of Mexico.

Ill.·. Bro.·. ALBERT PECORINI, 33º, of the Supreme Council of Italy.

Ill.·. Bro.·. P. MAILLEFER, 33º, representative for the Supreme Council of Egypte.

Ill.·. Bro.·. W. A. H. DOORMAN, 33º, Second Grand Chancellor of the Supreme Council of the Netherlands.

Ill.·. Bro.·. PAUL PILET, 33º, Grand Treasurer of the Supreme Council of Switzerland.

45

Ill.·. Bro.·. PERRY W. WEIDNER, 33º, Secretary General of the Supreme Council for the Southern Jurisdiction, U. S. A.

Ill.·. Bro.·. RENÉ RAYMOND, 33º, Sovereign Grand Commander of the Supreme Council of France.

Ill.·. Bro.·. MANUEL PORTELA, 33º, of the Supreme Council of Spain.

Ill.·. Bro.·. JAMES I. BUCHANAN, 33º, of the Supreme Council of the Northern Masonic Jurisdiction, U. S. A.

Ill.·. Bro.·. GEORGES PETRE, 33º Grand Chancellor of the Supreme Council of Belgium.

Ill.·. Bro.·. ANTONIO T. D'ALMEIDA, 33º, of the Supreme Council of Portugal.

Ill.·. Bro.·. ALEJANDRO SORONDO, 33º, Sovereign Grand Commander of the Supreme Council of Argentine.

Ill.·. Bro.·. UMBERTO LUCARELLI, 33º, representative for the Supreme Council of Mexico.

Ill.·. Bro.·. LEON MORF, 33º, representative for the Supreme Council of Greece.

Ill.·. Bro.·. RAOUL V. PALERMI, 33º, Sovereign Grand Commander of the Supreme Council of Italy.

Ill.·. Bro.·. P. G. H. DOP, 33º, Sovereign Grand Commander of the Supreme Council of the Netherlands.

Ill.·. Bro.·. HENRI DUAIME, 33º, Grand Orator of the Supreme Council of Switzerland.

For the above committees Ill.·. Bro.·. GOBLET D'ALVIELLA, 33º, was appointed Chairman of the Committee on Rules and Regulations and Ill.·. Bro.·. RENÉ RAYMOND, 33º, Chairman of the Committee on Credentials.

A brief recess was declared in order that the two above committees might have opportunity to perform their duty in considering matters properly referred to them.

Report of the Committee on Rules and Regulations.

The Conference having again been called to order, Ill.·. Bro.·. GOBLET D'ALVIELLA, 33º, on behalf of the Committee on Rules and Regulations, submitted the following report and recommendations which were adopted:

This Conference of Free-Masons of the Ancient and Accepted Scottish Rite is for the purpose of renewing and strengthening the ties of intimacy and friendship which have so long united the Supreme Councils of the Rite throughout the world.

It is our hope by better understanding and better acquaintance to diffuse more widely the principles of Free-Masonry. In the spirit of amity and mutual helpfulness, invoking the blessing of Almighty God, the Grand Architect of the Universe, we now unite in the following rules and regulations for the guidance of our deliberations:

1. We accept with much pleasure the invitation of the Supreme Council of Switzerland to hold our meetings in its apartments, and return to that Supreme Council our thanks for its earnest and disinterested labors in bringing about this Conference.

2. The deliberations shall be carried on in French or English. Opinions expressed in either language shall be immediately translated into the other.

3. All Sovereign Grand Inspectors General, Active or Honorary, present in Lausanne, shall be admitted to the sessions; but only delegates whose credentials have been approved by this Conference shall be permitted to speak or otherwise take part in the proceedings.

4. All Supreme Councils shall have an equal voice in this Conference. Each Supreme Council shall speak and othervise present its opinions by its regularly appointed delegates. The opinion of a Supreme Council may be presented only by delegates who are members of it, or in accordance with its previous written instructions, which instructions shall be filed with the Conference.

5. No speaker shall, without the unanimous consent of the Conference, speak more than twice upon the same subject, and not to exceed twenty minutes in all.

6. After discussion, unless three Supreme Councils

shall object, the opinions of all Supreme Councils shall be received and recorded, but no action, legislation or recommendation of this Conference shall be binding upon any Supreme Council until the same has been reported to, and ratified and approved by it.

Propositions receiving the approval of three-fourths of the Supreme Councils here represented, and authorized to act upon the question, shall be recommended to all Supreme Councils for their approval, but such recommendations shall be advisory only.

7. Measures will be taken to publish the proceedings of this Conference at least in French and English.

Officers of the Conference.

The Committee also recommended:

For permanent President of the Conference,

M.·. P.·. Bro.·. ALBERT JUNOD, 33º, Sov.·. Gr.·. Comm.·. of the Supreme Council of Switzerland.

For permanent Vice-Presidents,

Ill.·. Bro.·. JOHN H. COWLES, 33º, Sov.·. Gr.·. Comm.·. of the Supreme Council for the Southern Jurisdiction, U. S. A.

Ill.·. Bro.·. RENÉ RAYMOND, 33º, Sov.·. Gr.·. Comm.·. of the Supreme Council of France.

Ill.·. Bro.·. LEON M. ABBOTT, 33º, Sov.·. Gr.·. Comm.·. of the Supreme Council of the Northern Masonic Jurisdiction U. S. A.

Ill.·. Bro.·. BARTON SMITH, 33º, Past Gr.·. Comm.·. of the Supreme Council of the Northern Masonic Jurisdiction, U. S. A.

Ill.·. Bro.·. GOBLET D'ALVIELLA, 33º, Sov.·. Gr.·. Comm.·. of the Supreme Council of Belgium.

Ill.·. Bro.·. ALEJANDRO SORONDO, 33º, Sov.·. Gr.·. Comm.·. of the Supreme Council of Argentina.

Ill.·. Bro.·. PAUL MAILLEFER, 33º, Past Gr.·. Comm.·. of the Supreme Council of Switzerland.

Ill.·. Bro.·. RAOUL V. PALERMI, 33º, Sov.·. Gr.·. Comm.·. of the Supreme Council of Italy.

Ill.·. Bro.·. WILLIAM BURGESS, 33º, Past Gr.·. Comm.·. of the Supreme Council of Italy.

Ill.·. Bro.·. LEONARDO RICCIARDI, 33⁰, Past Gr.·. Comm.·. of
the Supreme Council of Italy.

Ill.·. Bro.·. P. G. H. DOP, 33⁰, Sov.·. Gr.·. Comm.·. of the
Supreme Council of the Netherlands.

For Secretaries,

Ill.·. Bro.·. ADOLPHE BLASER, 33⁰, Gr.·. Chan.·. and Sec.·.
Gen.·. of the Supreme Council of Switzerland.

Ill.·. Bro.·. PERRY W. WEIDNER, 33⁰, Sec.·. Gen.·. of the Supreme Council fort the Southern Jurisdiction, U. S. A.

Proposals adopted.

A resolution was passed unanimously, expressing the
sincerest sympathy of the Conference to the family of the
late Dr ALBERT WELLAUER, 33⁰, who, at the time of his
demise, on May 7, 1922, was Grand Chancellor Secr.·. Gen.·.
of the Supreme Council of Switzerland.

A recess was then taken until 9 a. m., May 30.

MAY 30, 1922.

The Conference resumed session at 9 a. m., M.·. Bro.·.
ALBERT JUNOD, 33⁰, President, in the East.

Report of the Committee on Credentials.

The Committee on Credentials made the following report
which was adopted :

1.   That the credentials of all accredited delegates were
examined and the following found entitled to be seated at
this Conference, the names marked with an asterisk (*) hold-
ing certificates from other Supreme Councils than their own :

UNITED STATES [1]
Southern Jurisdiction.

Ill.·. Bro.·. JOHN H. COWLES, 33⁰, Sov.·. Gr.·. Comm.·.
Ill.·. Bro.·. EDWARD C. DAY, 33⁰, Gr.·. Min.·. of State

[1] For the addresses of the delegates, see French version of Transactions.

Ill.·. Bro.·. Perry W. Weidner, 33⁰. Sec.·. Gen.·.
Ill.·. Bro.·. Garnett N. Morgan, 33⁰, Treas.·. Gen.·.
Ill.·. Bro.·. Philip S. Malcolm, 33⁰, Gr.·. Mas.·. of Cer.·.

FRANCE

Ill.·. Bro.·. René Raymond, 33⁰, Sov.·. Gr.·. Comm.·.
Ill.·. Bro.·. Jules Sergent, 33⁰. L.·. G.·. C.·. (absent excusé)
Ill.·. Bro.·. René Chaillié, 33⁰, G.·. S.·.
Ill.·. Bro.·. Guillemaud, 33⁰, (absent excusé)

SPAIN
(See p. 59.)

UNITED STATES
Northern Masonic Jurisdiction.

Ill.·. Bro.·. Leon M. Abbott, 33⁰, Sov.·. Gr.·. Comm.·.
Ill.·. Bro.·. Barton Smith, 33⁰, Past Gr.·. Comm.·.
Ill.·. Bro.·. Leroy A. Goddard, 33⁰. Gr.·. Treas.·.
Ill.·. Bro.·. James I. Buchanan, 33⁰
Ill.·. Bro.·. Thomas R. Marshall, 33⁰

BELGIUM

Ill.·. Bro.·. Goblet D'Alviella, 33⁰, Sov.·. Gr.·. Comm.·.
Ill.·. Bro.·. Jean-Laurent Hasse, 33⁰, Lieut.·. Gr.·. Comm.·.
Ill.·. Bro.·. Georges Petre, 33⁰, Gr.·. Chanc.·. Sec.·. Gen.·.
Ill.·. Bro.·. Armand Anspach, 33⁰, Gr.·. Or.·.

BRAZIL

Ill.·. Bro.·. Albert Gracie, 33⁰

PERU

Ill.·. Bro.·. *Raoul V. Palermi, 33⁰, Sov.·. Gr.·. Comm.·. (Italie)

PORTUGAL

Ill.·. Bro.·. Antonio Tavares D'Almeida, 33⁰
Ill.·. Bro.·. *Albert Dunand, 33⁰ (Suisse, absent excusé)
Ill.·. Bro.·. *Giovanni Mario Metelli, 33⁰ (Italie)

URUGUAY

Ill.·. Bro.·. *Paul Maillefer, 33⁰ (Suisse)
Ill.·. Bro.·. *Arnold Zurcher, 33⁰ (Suisse)

ARGENTINA

Ill.·. Bro.·. Alejandro Sorondo, 33⁰, Sov.·. Gr.·. Comm.·.

COLON-CUBA

Ill.·. Bro.·. Juan de la C. Alsina, 33⁰ ⎫
Ill.·. Bro.·. Enrique Llauso, 33⁰   ⎬ (ne sont pas venus)
Ill.·. Bro.·. Munoz Sanudo Lisardo, 33⁰ ⎭

MEXICO

Ill.·. Bro.·. *Edouard Audeoud, 33⁰ (Suisse)
Ill.·. Bro.·. *Umberto Lucarelli, 33⁰ (Italie)

REPUBLIC DOMINICANA

Ill.·. Bro.·. *Fernand Levêque, 33⁰ (Belgique, n'est pas venu)

VENEZUELA see foot note [1]

----

[1] The Supreme Council of the United States of Venezuela had appointed, as its representatives at the Conference of Lausanne, three active members of the Supreme Council of Switzerland: Ill.·. Bro.·. Guillaume Nussle, 33⁰, its Grand Representative, Ill.·. Bro.·. Dr. Albert Wellauer, 33⁰, Gr.·. Chanc.·. and Sec.·. Gen.·. and Ill.·. Bro.·. Dr. Alphonse Chrétien, 33⁰, Gr.·. Or.·.

The letter of notification and the credentials properly executed dated from Caracas, March 21, 1922 and addressed for all three to Bro.·. Albert Wellauer, reached him the very day or the day befor his death. In the confusion that his sudden death caused in the household of our lamented brother, the documents received from the Supreme Council of Venezuela were locked up by mistake with other personal papers of the deceased and thus did not reach the hands of his successor until several days after the close ot the International Conference of Supreme Councils. Regret is expressed to the Supreme Council of the United States of Venezuela which, as the result of these unfortunate circumstances, and contrary to its wishes, was not represented at the Third International Conference.

51

CENTRAL AMERICA

Ill.·. Bro.·. *William Burgess, 33⁰, Past Gr.·. Comm.·. (Italie)

GREECE

Ill.·. Bro.·. *Léon Morf, 33⁰ (Suisse)

ITALY

Ill.·. Bro.·. Raoul V. Palermi, 33⁰, Sov.·. Gr.·. Comm.·.
Ill.·. Bro.·. William Burgess, 33⁰, Past Sov.·. Gr.·. Comm.·.
Ill.·. Bro.·. Leonardo Ricciardi, 33⁰, Past Sov.·. Gr.·. Comm.·.
Ill.·. Bro.·. Rocco Santoliquido, 33⁰
Ill.·. Bro.·. Albert Pecorini, 33⁰
Ill.·. Bro,·. Marcel de Jongh, 33⁰

EGYPT

Ill.·. Bro.·. *Paul Maillefer, 33⁰, Sov.·. Gr.·. Comm.·.
d'honn.·. (Suisse)

NETHERLANDS

Ill.·. Bro.·. P. G. H. Dop, 33⁰, Sov.·. Gr.·. Comm.·.
Ill.·. Bro.·. W. A. H. Doorman, 33⁰, Second Gr.·. Chanc.·.

SERBIA

Ill.·. Bro.·. *Auguste Cahorn, 33⁰, (Suisse)

SUISSE

Ill.·. Bro.·. Paul Maillefer, 33⁰, Sov.·. Gr.·. Comm.·. d'hon.·.
Ill.·. Bro.·. Albert Junod, 33⁰, Sov.·. Gr.·. Comm.·.
Ill.·. Bro.·. Auguste Cahorn, 33⁰, Lieut.·. Gr.·. Comm.·.
Ill.·. Bro.·. Adolphe Blaser, 33⁰, Gr.·. Chanc.·. Sec.·. Gen.·.
Ill.·. Bro.·. Paul Pilet, 33⁰, Gr.·. Treas.·.
Ill.·. Bro.·. Henri Duaime, 33⁰ Gr.·. Or.·.
Ill.·. Bro.·. Henri Cottier, 33⁰
Ill.·. Bro.·. A. Aubert, 33⁰
Ill.·. Bro.·. G. Nusslé, 33⁰
Ill.·. Bro.·. H.-A. Rochat, 33⁰
Ill.·. Bro.·. Leon Morf, 33⁰
Ill.·. Bro.·. H. Scheuchzer, 33⁰

2. Two of the delegates reported to the Conference from the Supreme Council of Egypt and one from the Supreme Council of Uruguay are not seated because such delegates do not hold allegiance to Supreme Councils recognized by this Conference.

3. With reference to the delegates from the Supreme Council of Spain, the Committee finds that said Supreme Council is regular and the credentials of its delegates in order but, due to the fact that the two Supreme Councils in the United States of America have withdrawn recognition because of the presence of Spanish Bodies within the Jurisdiction of the United States, which is a violation of territorial rights, the Committee refers the subject to the Conference for adjudication.

Ill.·. Bro.·. GODDARD offered the following resolution which was adopted:

That the subject concerning the difference between the two Supreme Councils of the U. S. A. and the Supreme Council of Spain be made a special order of business at the opening of the next general session.

Ill.·. Bro.·. AUGUSTE BARCIA, 33º, of Spain, offered the suggestion that the Supreme Councils concerned in the resolution offered by Bro.·. GODDARD, meet in the meantime in an effort to effect a reconciliation.

Division of Subjects.

The Chairman then invited the attention of the Conference to the fact that, in accordance with the conclusions of the First and Second International Conferences, held in Brussels in 1907 and in Washington in 1912, respectively, the work was divided into three sections, i. e.

SECTION 1. Questions relating to the legitimate and regular Supreme Councils and their organization.

Section 2. Questions relating to the protection against any irregular and clandestine organization.

Section 3. Unification and uniformity of the Rite.

Upon recommendation of the Sovereign Grand Commanders and heads of delegations, the following assignments were made to the several sections, and all subjects relating referred thereto :

SECTION 1.

Ill.·. Bro.·. P. S. Malcolm, 33º, of the Southern Jurisdiction U. S. A.

Ill.·. Bro.·. René Chaillié, 33º, of France

Ill.·. Bro.·. Auguste Barcia, 33º, of Spain

Ill.·. Bro.·. Thomas R. Marshall, 33º, of the Northern Masonic Jurisdiction, U. S. A.

Ill.·. Bro.·. Georges Petre, 33º, of Belgium

Ill.·. Bro.·. Albert Gracie, 33º, of Brazil

Ill.·. Bro.·. G. M. Metelli, 33º, for Portugal

Ill.·. Bro.·. Alejandro Sorondo, 33º, of Argentina

Ill.·. Bro.·. Umberto Lucarelli, 33º for Mexico

Ill.·. Bro.·. Raoul V. Palermi, 33º, of Italy

Ill.·. Bro.·. P. G. H. Dop, 33º, of the Netherlands

Ill.·. Bro.·. Henri Duaime, 33º, of Switzerland

SECTION 2.

Ill.·. Bro.·. John H. Cowles, 33º, of the Southern Jurisdiction, U. S. A.

Ill.·. Bro.·. René Raymond, 33º, of France

Ill.·. Bro.·. Manuel Portela, 33º, of Spain

Ill.·. Bro.·. Leon M. Abbott, 33º, of the Northern Masonic Jurisdiction, U. S. A.

Ill.·. Bro.·. Jean-Laurent Hasse, 33º, of Belgium

Ill.·. Bro.·. Armand Anspach, 33º, of Belgium

Ill.·. Bro.·. Alejandro Sorondo, 33º, of Argentine

Ill.·. Bro.·. Edouard Audéoud, 33º, for Mexico

Ill.·. Bro.·. Albert Pecorini, 33º, of Italy

Ill.·. Bro.·. W. A. H. Doorman, 33º, of the Netherlands

Ill.·. Bro.·. A. Aubert, 33•, of Switzerland

SECTION 3.

Ill∴ Bro∴ GARNETT N. MORGAN, 33º, of the Southern Jurisdiction, U. S. A.

Ill∴ Bro∴ RENÉ RAYMOND, 33º, of France

Ill∴ Bro∴ JOSE LESCURA, 33º, of Spain

Ill∴ Bro∴ LEROY A. GODDARD, 33º, of the Northern Masonic
Jurisdiction, U. S. A.

Ill∴ Bro∴ GOBLET D'ALVIELLA, 33º, of Belgium

Ill∴ Bro∴ ANTONIO T. D'ALMEIDA, 33º, of Portugal

Ill∴ Bro∴ ARNOLD ZURCHER, 33º, for Uruguay

Ill∴ Bro∴ UMBERTO LUCARELLI, 33º, for Mexico

Ill∴ Bro∴ WILLIAM BURGESS, 33º, of Italy

Ill∴ Bro∴ P. G. H. DOP, 33º, of the Netherlands

Ill∴ Bro∴ AUG. CAHORN, 33º, of Switzerland

Questions submitted for Consideration.

The Chairman further stated that the Supreme Council
of Switzerland had been asked to submit the following additional questions, to-wit:

A. FROM THE SUPREME COUNCIL OF FRANCE:

1. Questions not disposed of by the Conference in 1912.

2. In which measure does the Scottish Federation in-
tend to help the Supreme Councils decimated, ruined, reduced
to poverty and sometimes wholly annihilated by the war?

3. Considering the numerous receptions of Russian
exiles in foreign countries, especially in France, who are
desirous after their return to their native country to create
lodges and even a Supreme Council, which attitude must we
take in order to act concordantly?

4. Measures to be taken in order to collaborate to a de-
finite establishment of peace in the world.

5. How are we to encourage Scotticism in countries
where it is not yet established?

6. Study of the status of irregular Supreme Councils
in order to clear the situation and establish necessary unity.

7. Maintenance of the American Masonic Headquarters

in Paris and its transformation into a "Bureau maç.·. international de l'Ecossisme" for the centralization of the universal Scottisch movement and its radiation abroad as well as
to entertain constant relations with Scottich BB.·. travelling
through Paris. It is of course understood that all Supreme
Councils would collaborate to the maintenance and to the
expenses occasioned by this office in a rational proportion to
be determined.

*(Further to examine proposals made by the Italian and Swiss
Supreme Councils for the creation of a central Secretariat,
of which the Swiss Supreme Council would BE WILLING
TO TAKE CHARGE AT THE SAME CONDITIONS.)*

8. Unification of the briefs, passports, etc., and centralization for instance at the Swiss Supreme Council, of types
used by different Councils.

*(Refers to the preceding question and would be one of the first
duties of the Secretariate to be created.)*

9. Compared study of the relations in different countries
between the Grand Lodges and the Supreme Councils.

*(A particularly important subject which would enter into the
attributions of the Central Secretariat.)*

B. FROM THE SUPREME COUNCIL OF ITALY :

10. Unification of the Rituals; narrow union among the
Supreme Councils in order to develop the influence of Scot-
ticism; establishment of a Central Office in charge of a
Supreme Council to be elected by the Conference.

(Ad. questions Nr. 7, 8, 9, 12.)

C. FROM THE SUPREME COUNCIL OF SWITZERLAND :

12. Considering the great number of informations to
collect and centralise, the creation of a Permanent-Secreta-
riat is desirable. The Swiss Supreme Council is willing to
take charge of it with the assistance of other Confederate
Supreme Councils.

(Ad. questions 7, 8, 9, 10.)

13. Questions relating to Russia, Czecho-Slovakia and Poland.

The questions were assigned to the sections as follows:

To section 1, questions numbers 1, 3 and matters relating to Russia, Czecho-Slovakia and Poland.
To section 2, question number 6.
To section 3, question numbers 4, 5, 8, 9, 10, and 12.
Questions numbers 2 and 7 were withdrawn.
Question number 11 was stricken from the record.

The Conference then took a recess until Wednesday, May 31, at 3 p. m.

MAY 31, 1922,

President ALBERT JUNOD, called the Conference to order at 3 p. m., the hour appointed and stated that, in accordance with the stated program, the Conference would give attention to a paper prepared by Ill.·. Bro.·. GOBLET D'ALVIELLA, on "The Pursuit of the Royal Secret", before proceeding with the order of business. Bro.·. D'ALVIELLA read a most interesting paper which was enthusiastically received.

Relations of the Supreme Council of Spain and the Southern and Northern Supreme Councils of the U.S.A.

At this point the President of the Conference called the attention of the Conference to the special order of business with reference to the matters relating to the differences between the two Supreme Councils in the United States of America and that of Spain. Whereupon Ill.·. Bro.·. BARTON SMITH, reported that, in pursuance with the suggestion made by the Conference the Supreme Councils, through their representatives, met and discussed the subject.

Each of the said Councils was represented by two brethren, to-wit, for the Southern Jurisdiction of the U. S. A.·.: Ill.·. Bro.·. EDWARD C. DAY, 33°, and Ill.·. Bro.·. PERRY W. WEIDNER, 33°; for the Northern Masonic Jurisdiction, U. S.

A⸫ : Ill⸫. Bro⸫. BARTON SMITH, 33°, and Ill⸫. Bro⸫. JAMES I.
BUCHANAN, 33°; for Spain : Ill⸫. Bro⸫. AUGUSTE BARCIA, 33°,
and Ill⸫. Bro⸫. MANUEL PORTELA, 33°. At said meeting the
representatives of the Supreme Council of Spain expressed a
willingness and desire to meet, so far as was within their
power, the views of their American brethren, with the result
that, at the request of the brethren above stated, all cordially
concurring, he offered the following which was unanimously
accepted by the Conference :

To the International Conference of Supreme Councils, 33°:

The special commission of the Conference of Supreme
Councils, having investigated the complaint presented by the
Supreme Councils of the Southern and Northern Jurisdictions of the United States about the invasion of their territory
by the Supreme Council of Spain, requests the Conference to
invite the Supreme Council of Spain to retire from their territory.

After which the representatives of the Supreme Council
of Spain presented the following statement :

To the Assembled Conference of Supreme Councils at
Lausanne, Switzerland :

Illustrious Brethren :

The undersigned delegate of the Supreme Council of
Spain to this Conference hereby solemnly declare that at the
earliest possible moment after their return to Madrid they
will cause the Supreme Council of Spain to take immediate action to withdraw the charters of all Bodies claiming to be Masonic under its obedience within the territory ot the States of
the United States and the District of Columbia. We also solemnly promise, that we will use all influence and power
resting in us to secure like action by the Bodies in the same
territory under the obedience of the Grand Orient of Spain.
We also promise that we will not encourage or tolerate any
action or attitude contrary to the wishes of the brethren of

fhe United States of America, relative to the Bodies under
the obedience of organized Masonic authority in Spain, in
the Island of Porto Rico, and the Philippines. ..

(Signed) AUGUSTE BARCIA, 33º, G. M. I. G. O. E.
MANUEL PORTELA, 33º
JOSE LESCURA, 33º

Delegates of the Supr.·. Council of Spain Seated.

Ill.·. Bro.·. BARTON SMITH, Past Grand Commander of
the Northern Masonic Jurisdiction then offered the following
resolution which was seconded by Ill.·. Bro.·. E. C. DAY,
Grand Minister of State of the Southern Jurisdiction, U.S.A.,
and unanimously agreed to by the Conference :

Be it resolved that

Ill.·. Bro.·. AUGUSTE BARCIA, 33º, Gr.·. M.·. del Gr.·. Or.·.
Ill.·. Bro.·. MANUEL PORTELA, 33º, Ven.·. en Barcelona.
Ill.·. Bro.·. JOSE LESCURA, 33º, Gr.·. Canc.·. del Sub.·. Cons.·.

be seated in this Conference with full membership, rights
and powers as delegates of the Supreme Council of Spain.

Recognition of newly organized Supreme Councils.

Ill.·. Bro.·. RAOUL V. PALERMI, Sov.·. Gr.·. Comm.·. of
the Supreme Council of Italy, on behalf of the first section,
submitted the following partial report which was unanimously accepted :

(TRANSLATION)

1. This Conference recommends to the Supreme Councils to recognize the Supreme Council of Czecho-Slovakia
organized under the auspices of the Supreme Councils of
Switzerland and Italy and to exchange with it Grand Representatives.

If this resolution is adopted the section proposes that the delegates of the Supreme Council of Czecho-Slovakia be admitted to participate in the Conference.

2. This Conference recommends to the Supreme Councils to recognize the Supreme Council of Poland organized under the auspices of the Supreme Councils of Switzerland, Holland and Italy and to exchange with it Grand Representatives.

If this resolution is adopted the section proposes that the delegates of the Supreme Council of Poland be admitted to participate in the Conference.

The President of the Conference then invited the delegates of the Supreme Councils of Czecho-Slovakia and Poland, who were present, into the Conference and, after a brief address of welcome, which the applause of all delegates present heartily endorsed, introduced and presented to the Conference the following :

For the Supreme Council of Czecho-Slovakia :

Ill.·. Bro.·. ALFONS MUCHA, 33°, Sov.·. Gr.·. Comm.·.
Ill.·. Bro.·. LADISLAS SYLLABA, 33°, Gr.·. Or.·.
Ill.·. Bro.·. VIKTOR DWORSKY, 33°, Gr.·. Chanc.·.

For the Supreme Council of Poland :

Ill.·. Bro.·. ANDRE STRUG, 33°, Sov.·. Gr.·. Comm.·.
Ill.·. Bro.·. RAFAL RADVINILLOWICZ, 33°, Gr.·. Or.·.
Ill.·. Bro.·. GIUSEPPE STABILE, 33°, (Italy)

To this cordial reception Ill.·. Bro.·. ANDRE STRUG, 33°, Sov.·. Gr.·. Comm.·. of the Supreme Council of Poland made suitable response.

The Conference then adjourned until 9 a. m. Friday, June 2, 1922.

JUNE 2, 1922.

The Conference resumed session at 9 a. m. pursuant to
the last adjournment, M.˙. P.˙. ALBERT JUNOD, presiding.

M.˙. P.˙. Bro.˙. LEON M. ABBOTT, informed the Conference that this date was the seventieth birthday anniversary
of Ill.˙. Bro.˙. BARTON SMITH, Past Grand Commander of
the Northern Masonic Jurisdiction, U. S. A., whose absence,
due to illness, he regretted to note. On behalf of the Conference the President requested M.˙. P.˙. Bro.˙. LEON M.
ABBOTT, 33º, to convey the regrets of the Conference to Bro.˙.
SMITH over his illness along with the hope for a speedy reco-
very, as well as congratulations of the Conference upon his
birthday.

M.˙. P.˙. Bro.˙. LEON M. ABBOTT, Sovereign Grand
Commander of the Northern Masonic Jurisdiction, U. S. A.,
asked on behalf of the Southern and Northern Jurisdictions
of the United States of America, permission to present to
Ill.˙. Bro.˙. PECORINI on behalf of the Conference a suitable
testimonial in appreciation of his invaluable services as the
official interpreter. Permission was asked on the ground
that the delegates from America were the ones who had
chiefly and almost solely benefitted through the services
rendered because of the inability of the American delegates
to readily speak or understand the French language. No
objection being made, permission was granted to the Southern
and Northern Jurisdictions of the U. S. A. to procure and
present to Ill.˙. Bro.˙. PECORINI, in the name and on behalf
of the Conference, a suitable testimonial in recognition of
his splendid and painstaking service.

The President announced that the Supreme Council of
Switzerland had entertained the same intentions as those of
the American brethren concerning the services of Ill.˙. Bro.˙.
PECORINI as interpreter of the Conference and stated that the
Supreme Council of Switzerland would gladly waive its in-
tentions in favor of the American brethren but begged to be

allowed to offer a testimonial of thanks to Ill∴ Bro∴ Anspach for his able assistance to Bro∴ Pecorini.

Upon motion, by a standing vote of thanks, the Conference also gave expression to its appreciation for the
splendid services of Ill∴ Bro∴ Anspach, Grand Orator of
the Supreme Council of Belgium, for his splendid assistance
to the interpreter of the Conference.

Invitations for Fourth International Conference presented.

M∴ P∴ Bro∴ René Raymond, Sov∴ Gr∴ Comm∴
of the Supreme Council of France, on behalf of his Supreme
Council extended a cordial invitation to the Conference to
hold the Fourth International Conference in the City of Paris
under the auspices of the Supreme Council of France in 1927.

The president read the following letter :

(Translation.) Lausanne 1st. June 1922.

To the M∴ P∴ Grand Commander of
The Supreme Council of the 33º of Switzerland.

To the President of the International Conference
of the Supreme Councils.

M∴ P∴ and dear Brother,

I have the honour to inform you, in the name of the
Supreme Council 33º of the Argentine Republic of which Su-
preme Council I have the pleasure to be the Delegate at this
Conference, that our Supreme Council would be most happy
to be chosen to organize the next Conference of Supreme
Councils in the town of Buenos-Aires.

I have the pleasure and the honour to offer to the Conference our hospitality and to assure you that, in case you
should receive favourably our invitation, it would be a great
encouragement for the Scottish Masonry of South America.

I beg to offer you, M∴ P∴ Grand Commander, the expression of my fraternal devotion.

(Signed) Alejandro Sorondo, 33º

Sov∴ Gr∴ Commander.

A telegram was received from M∴ P∴ Bro∴ Antonio Ruiz, 33º, Sov∴ Gr∴ Comm∴ of the Supreme Council of Colon, Republic of Cuba, as follows :

(TRANSLATION)

To the President of the International Conference of Supreme Councils, Ancient & Accepted Scottish Rite, Lausanne, Switzerland.

Sincere regrets that Jean Alsina, Lieutenant Grand Commander of the Supreme Council of Colon, en route to the International Conference, has fallen suddenly ill in New York. Will you be good enough to express our best wishes and fraternal regards to the Supreme Councils at the Conference.

Report of Section I. Regularity of SS∴ CC∴.

M∴ P∴ Bro∴ Raoul V. Palermi, Sov∴ Gr∴ Comm∴ of the Supreme Council of Italy, then made the following additional report on behalf of section 1, which was adopted.

(TRANSLATION)

This Conference recommends to the several Supreme Councils here represented ;

That the Supreme Council of France be alone to pursue the question of the foundation of a Supreme Council in Russia in order to prevent any conflict of jurisdiction in that country in the future, and to that end we recommend that no other Supreme Council confer the 33º upon Russian refugees unless by special delegation of the Supreme Council of France.

63

The 1. section has received various communications which have neither been discussed nor voted upon. They are summed up as follows :

1. The Supreme Council for the Southern Jurisdiction of the U. S. A. has established in China Lodges, Chapters, Councils and Consistories composed of initiated Chinese that have been residents of America or England.

2. The Supreme Council of Holland does not loose sight of the introduction of the Scottish Rite in Germany. It declares that the day is not far distant when the spirit of Germany will have changed so far that that question may be determined.

3. Roumanian Freemasonry is in relations with the irregular Freemasonry of Thomson but the Roumanian Freemasonry believes, in good faith, to be associating with regular American Scottish Rite Masonry. It is advisable not to lose any occasion to inform it of its error.

4. The section has also received three Russian brethren in the obedience of the Supreme Council of France and has received from them, with great satisfaction, information concerning their hopes.

Partial Report of Section II.

Ill.·. Bro.·. JOHN H. COWLES, Sov.·. Gr.·. Comm.·. of the Supreme Council of the Southern Jurisdiction, U. S. A., on behalf of the second section offered the following partial report which was unanimously agreed to :

To the International Conference of Supreme Councils, 33°:

The second section, having under consideration questions relating to the protection against any irregular and clandestine organization, submits the following resolutions :

1. RESOLVED, that in the opinion of this Conference every Supreme Council should be supreme, sovereign and

free from the control or direction of any other body or organization in the method of selecting its members and officers, the duration of the term of office of its officers, the qualifications and regulations of membership in its subordinate Bodies, in its powers of legislation, and in the discipline of its members and subordinate Bodies throughout its entire Jurisdiction, subject to the rights of regular Grand Lodges which govern membership in the first three Degrees of Masonry, consistant with the landmarks and laws of Ancient Craft Masonry.

2. RESOLVED, that hereafter any Supreme Council granting or withdrawing recognition from any other Supreme Council shall immediately notify every other Supreme Council of such action and the reasons therefor; and if the withdrawal of recognition is approved by a majority of the Supreme Councils represented at this Conference the Supreme Council from which recognition is withdrawn, shall be debarred from participating in future International Conferences until the cause of the withdrawal of recognition has been removed to the satisfaction of a majority of said Supreme Councils and of the first Conference after said withdrawal of recognition.

3. RESOLVED, that hereafter any Supreme Council, other than those already represented at this Conference and the Conferences of 1907 and 1912, seeking representation at International Conferences of Supreme Councils, shall satisfy the Conference that it is organized and is existing in harmony with the principles laid down in the Grand Constitutions and Regulations of 1762 and of 1786, as those Constitutions and Regulations have been generally promulgated and remain in force.

4. RESOLVED, that in the opinion of the Conference, Bodies of Free and Accepted Masons, or other persons which confer Degrees, perform Rites, or conduct the business of Scottish Rite Masonry, or the Supreme Councils thereof, who are not either mentioned in the list of those invited to be

present by delegates to this Conference or recognized now or hereafter as regular by at least a majority of the Bodies in the list of invited and admitted recognized bodies, are irregular and clandestine, and no regular Scottish Rite Masons should, under any circumstances, hold any intercourse with any such irregular Body, or any member acting under it, or of any of its subordinate Bodies. And hereafter no Body shall be considered a Supreme Council in any country, unless it shall have obtained recognition and established fraternal relations with every existing regular Supreme Council within a period of four years from the date of its organization.

5.   RESOLVED, that regular Supreme Councils recommend to all organizations at their obedience not to entertain any relations with irregular Bodies in accordance with the preceding paragraph and to this end each Supreme Council will communicate to all organizations at its obedience the list of all regular Supreme Councils and the present resolutions.

6.   RESOLVED, that each Secretary-General, or other proper officer of each Supreme Council, forward to each of the other Supreme Councils, by this Conference considered regular, a list of all Masonic Bodies, whether under the Scottish Rite or otherwise, recognized as regular, and also a list so far as possible, of all Bodies known to be irregular.

7.   We regret and deplore that many good men, who would make good Masons and be a credit to the institution of Freemasonry, have become members of irregular and clandestine organizations calling themselves Masonic. We advise all such men who are upstanding in character and morals, to take immediate steps to become members of regular and internationally recognized Masonic Bodies, and recommend that when any such apply to regular Bodies, that they be given courteous consideration and helpful assistance in accomplishing their worthy desire.

8. The petition for recognition of the Grand Orient of Denmark is covered by the rules adopted by the Conference and we, therefore recommend, that no action be taken by this Conference regarding such petition.

Testimonial to the Supr∴ Council of Switzerland.

On behalf of the Supreme Councils represented at this Conference, Ill∴ Bro∴ EDWARD C. DAY, Gr∴ Min∴ of State of the Southern Jurisdiction, U. S. A., presented to the Supreme Council of Switzerland a beautiful clock commemorative of the cordial and fraternal courtesies extended by the brethren of Switzerland to the representatives to the Third International Conference.

The Conference then adjourned until 3 p. m.

AFTERNOON

The Conference resumed its session pursuant to the last adjournment, M∴ P∴ Bro∴ ALBERT JUNOD, 33°, presiding.

Resolution Favoring Universal Peace.

M∴ P∴ Bro∴ LEON M. ABBOTT, Sov∴ Gr∴ Comm∴ of the Northern Masonic Jurisdiction, U. S. A., presented the following resolution which was unanimously concurred in:

RESOLVED, That the delegates to the International Conference pledge themselves to use every lawful and legitimate effort and influence within their power to establish universal and permanent peace among nations. That we heartily approve the efforts that have been and are being made by the representatives of various National Governments to bring about greater harmony and a better understanding and relationship among the peoples of the world.

The Ancient Constitutions of our Rite define the ends of

our Society to be these: "the harmony, the happiness, the progress and the well-being of the human race taken as a whole, and of every individual man in particular". Our Rituals teach that these ends can be reached only through a practical application of the rule of brotherly love. We would, therefore, constantly remind each of the members of the Rite, wherever dispersed, of his duty and obligation to use his personal influence in his daily intercourse with all men to establish the sovereignty of this rule.

That we pledge ourselves to renew and make more effective our efforts to overcome hatred and bitterness, to destroy ignorance and superstition, and, through the light of education, to bring joy and peace into the hearts and lives of men of every tongue, race and creed.

Additional Report of the Section II.

On behalf of the second section, M.·. P.·. Brother John H. Cowles, Sov.·. Gr.·. Comm.·. of the Southern Jurisdiction, U.S.A., presented the following additional report which was unanimously agreed to :

To the International Conference of Supreme Councils, 33º:

The Committee of the second section begs to submit the following report:

After having read the communications concerning the Supreme Council for Italy received from the Supreme Council of Egypt and from Mr. Camera, relating to certain claims for recognition, and considering that the Supreme Council headed by the M.·. P.·. Bro.·. Raoul V. Palermi is the only regular Supreme Council in Italy and is in such capacity duly recognized by all the Supreme Councils represented at this Conference, the Committee proposes to the Conference of Supreme Councils that no action be taken on the above said communications of the Supreme Council of Egypt and of Mr. Giovanni Camera.

Report of Section III. Unity of the Rite.

On behalf of the third section, Ill∴ Bro∴ GOBLET D'ALVIELLA, Sov∴ Gr∴ Comm∴ of the Supreme Council of Belgium, offered the following report which was unanimously agreed to:

(TRANSLATION)

To the International Conference, 33º:

The third section, having under consideration the several questions assigned to it, submits the following recommendations:

With relation to question number 3, the third section had begun the study of this question when it learned that the first section had already taken it up. We cannot but congratulate the first section on the solution it has proposed and which has already been solemnly ratified by the Conference.

With relation to question number 4, this subject has been withdrawn by the Supreme Council of France which had presented it. For a long time and at different occasions the entire Scottish Freemasonry, as well as other Rites, has declared itself in favor of measures tending to substitute arbitration to war, as a means of regulating differences between nations and thus achieve universal peace.

With relation to question number 5, the third section believes that there should be an intensification in the individual propaganda among the members of the regular Symbolic Lodges who appear to be disposed to understand and apply the principles and the methods of the Scottish Rite.

With relation to question number 7, this question has been withdrawn by the unanimous consent of the section.

With relation to question 8, see question 10.

With relation to question 9, one member of the section draws attention to the fact that, in several Jurisdictions, the Grand Lodges and other Masonic Bodies have a voice in the choice of the members of the Supreme Councils, who, under the Grand Constitutions, must be elected exclusively by the Councils themselves ; even in the election of the Sovereign Grand Commander these extraneous Bodies intervene directly or indirectly. He expressed the opinion that this abuse should be stopped and everywhere the principles established in the Grand Constitutions be applied.

Another member stated that such practice cannot occur in Scottish Rite Jurisdictions, which admit that the Grand Lodges have exclusive right to administer the Symbolic Lodges, leaving to the Supreme Councils absolute authority over the higher Degrees and the right to regulate their own organization. This is the system adopted in all the Jurisdictions of North America, besides in the European continent, in Belgium, France, Switzerland and most other countries. He also insisted that if there are exceptions to this practice it is time to put an end to them.

Another member suggested that any Supreme Council which does not conform to this rule should not be admitted to the Conference until it does establish the principle of the absolute right of the Supreme Councils to choose their members and their Sovereign Grand Commanders independently of any extraneous authority.

All the members of the section approve this suggestion, but some consider that no vote should be taken since the question has already been examined by the first section which has presented to the Conference a resolution on those lines.

In view of this fact the section, although unanimous on the subject, decides not to proceed to a vote.

With relation to questions 8 and 10, some members suggest, that it would be very useful to induce the various Jurisdictions to unify, not their Rituals or initiation ceremonies, which would be impossible, even undesirable, but the words,

the signs, the batteries by which the Scottish Rite Masons
would recognize each other and, on the other hand, the certificates, diplomas and Masonic passports, which would make
it possible for them to be recognized in Jurisdictions other
than their own. The majority of the section, however, believe
that it is impossible to establish this reform in view of the
fact that the delegates of the American Freemasonry declare
that they believe it would be impossible for them to obtain
confirmation of such step by their respective jurisdictions.

With further relation to question 10, this proposition
is opposed by several members of the Conference as useless
and even dangerous as it would constitute a first step to-
ward a centralization of authority contrary to the absolute
autonomy of the Supreme Councils. In the opinion of these
members the exchange of correspondence between the various
Secretariats is sufficient to all needs. They are thankful to
the Supreme Council of Switzerland for its generous offer to
assume, with the support of the other Supreme Councils of
the Conference, the responsibility of this new institution,
but they believe they cannot accept the offer.

Other members do not believe in the existence of any
danger and are of opinion that, under all points of view,
il would be useful to establish for the Scottish Rite, after the
example of other Rites, a permanent center of information.

The question being put to vote five members against
four declared themselves in favor of the creation of a permanent Secretariat, but one of the opposing members called
attention to the fact that the objection of three delegations is
sufficient to keep any deliberation out of the Acts of the
Conference.

Several manuscripts have been presented to the section.
One by Portugal on the unification of Rituals, another by
the Argentine Republic concerning diplomas and patents, etc.

The section has decided to transmit these to the Conference together with the minutes of its deliberations.

Time and Place of 4th International Conference.

Upon motion of Ill.·. Bro.·. ALBERT PECORINI, of the
Supreme Council of Italy, the Conference expressed its thanks
to the Supreme Councils of France and Argentina for their
cordial invitations. Whereupon, M.·. P.·. Bro.·. RENÉ RAY-
MOND, Sov.·. Gr.·. Comm.·. of the Supreme Council of
France, withdrew the invitation of France in order that an
unanimous acceptance might be had of the invitation of the
Supreme Council of Argentina and, upon motion, duly seconded, it was resolved that the next session of the International
Conference be held in the year 1927 at Buenos-Ayres, under
the auspices of the Supreme Council of Argentina.

President ALBERT JUNOD, then read the following telegram which was ordered filed :

(TRANSLATION)

President Conference of Supreme

Masonic Councils,

Lausanne.

"The International Bureau of Peace, in Berne, being of
opinion that real peace can only be attained by the combined
efforts of popular masses and associations imbued with the
ideals of justice, solicit the help of masonic lodges and beg
the delegates assembled to-day at Lausanne, to intervene in
favor of peace appealing to their respective bodies."

The Conference agreed to communicate to the International Bureau of Peace, the resolution voted at the opening
of that day's sitting concerning the proposal of the M.·. P.·.
Bro.·. LEON ABBOTT.

The Conference directed that the following telegram b e
sent to Hon. WARREN G. HARDING, President of the United

States, in reply to his cordial letter presented through M∴ P∴ Leon M. Abbott, Sov∴ Gr∴ Comm∴ of the Supreme Council of the Northern Masonic Jurisdiction, U. S. A.:

> Hon. Warren G. Harding,
> President of the United States,
> Washington, D. C.
>
> Conference of Supreme Councils of Scottish Rite Masons of the World sends fraternal greetings and hearty appreciation of your inspiring message.
>
> (Signed) Albert Junod,
> President of Conference.

Thanks to the President of the Conference and to the Supr∴ Council of Switzerland.

Ill∴ Bro∴ Thomas R. Marshall, of the Northern Masonic Jurisdiction, U. S. A., offered the following resolution which was unanimously adopted:

RESOLVED, That the thanks of this Conference be extended to the Honorable Albert Junod, its presiding officer, for the dignity, ability and uniform courtesy shown by him in the discharge of his duties, and be it further resolved, that the thanks of the delegates be extended to the Supreme Council of Switzerland for the kindly greetings and courteous hospitality extended without stint upon numberless occasions.

The President, M∴ P∴ Albert Junod, on behalf of the brethren of Switzerland, gave utterance to a gracious and courteous farewell and declared the Third International Conference of Supreme Councils of the Ancient and Accepted Scottish Rite adjourned at 17 o'clock (5 p. m.) without date.

Ad. BLASER, Secretary.
Perry W. WEIDNER, Secretary.

U∴ T∴ O∴ A∴ A∴ G∴ I∴

ACTAS

de la

TERCERA CONFERENCIA INTERNACIONAL

de los

SUPREMOS CONSEJOS DEL 33º GRADO

del

RITO ESCOCÉS ANTIGUO Y ACEPTADO

celebrada en Lausanne, Suiza

del 29 de Mayo al 2 de Junio de 1922

LAUSANNE

Imprenta Jordan Blanc y H∴ Noverraz

1922

ACTAS

de la

TERCERA CONFERENCIA INTERNACIONAL

de los

SUPREMOS CONSEJOS DEL 33º GRADO

del

RITO ESCOCÉS ANTIGUO Y ACEPTADO

celebrada en Lausanne, Suiza

del 29 de Mayo al 2 de Junio de 1822

Lausana 29 de Mayo de 1922.

La segunda Conferencia internacional de los Supremos Consejos del Rito Escocés Antiguo y Aceptado, celebrada en Washington, D.C., E.U.A., en 1912, de acuerdo con el Soberano Gran Comendador y con el Supremo Consejo de Suiza, fijó la reunión de la Tercera Conferencia Internacional en Lausana (Suiza) en 1917.

No habiendo permitido la guerra mundial, de 1914 a 1918, llevar a término esta decisión en la fecha fijada, únicamente el lúnes 29 de Mayo de 1922, a las tres de la tarde, de acuerdo con las invitaciones enviadas por el Supremo Consejo de Suiza, los Il.·. HH.·. miembros de los Supremos Consejos regulares y delegados *ad hoc*, se reunieron en el Templo Masónico de L'Acacia, en Lausana.

El M.·. P.·. H.·. ALBERTO JUNOD, 33º, Soberano Gran Comendador del Supremo Consejo de Suiza, invitó a los de-

legados a tomar asiento en las columnas, por orden de anti-
güedad de sus Supremos Consejos, y, en nombre de los HH.·.
de Suiza, les dirigió una cordial bienvenida.

Los Soberanos Grandes Comendadores presentes, con-
testaron por el mismo orden, a saber :

M.·. P,·. H.·. John H. Cowles, 33º, por la Jurisdicción
Sud de los Estados Unidos de América.

M.·. P.·. H.·. René Raymond, 33º, por Francia.

M.·. P.·. H.·. Léon M. Abbott, 33º, por la Jurisdicción
Norte de los Estados Unidos de América.

M.·. P.·. H.·. Goblet de Alviella, 33º, por Bélgica.

M.·. P.·. H.·. Alejandro Sorondo, 33º, por la República
Argentina.

M.·. P.·. H.·. Raul Palermi, 33º, por Italia.

M.·. P.·. H.·. P. G. H. Dop, 33º, por Holanda.

Otros Il.·. HH.·. delegados tomaron igualmente la palabra.

Durante su alocución, el Il.·. H.·. Abbott, dió lectura a
la carta siguiente, que había recibido del Presidente de los
Estados Unidos y que fué acogida con prolongados aplausos
por todos los delegados.

« White House
        Washington   2 Mayo 1922.

      » Mi querido Señor Abbott :

» Permítame que le exprese, lo mismo que a sus colegas
delegados por el Supremo Consejo de la Jurisdicción Norte
en la Conferencia internacional de los Supremos Consejos
que tendrá lugar en Lausana dentro de algunas semanas, el
profundo interés que me inspira la misión que Vds. van a
desempeñar en el extranjero. Vds. se encontrarán allí con
los representantes de los Supremos Consejos del mundo entero, y estoy persuadido de que, de esta entrevista, resultará

más cordialidad y más comprensión mútua en las relaciones entre pueblos.

» Por tradición, vuestra noble organización se ha impuesto como ideal el trabajar por la realización de las más bellas aspiraciones de la Humanidad, y creo que hay a motivo para esperar que ella ejerza una influencia eficaz en pro de la paz, y que verificará una gran difusión de los expléndidos principios que han inspirado siempre a la Masonería.

» Muy sinceramente

HARDING »

De acuerdo con lo convenido, en una reunión oficiosa de los Soberanos Grandes Comendadores y de los Jefes de Delegación, habida a las 10 de la mañana del día 29 de Mayo, el Presidente designó las comisiones siguientes :

COMISIÓN DE REGLAMENTACIÓN DE LOS TRABAJOS DE LA CONFERENCIA :

Il.·. H.·. EDWARD C. DAY, 33º, Gran Ministro de Estado del Supremo Consejo de la Jurisdicción Sud de los Estados Unidos.

Il.·. H.·. RENÉ CHAILLIÉ, 33º, Gran Secretario General del Supremo Consejo de Francia.

Il.·. H.·. AUGUSTO BARCIA, 33º, del Supremo Consejo de España.

Il.·. H.·. H. BARTON SMITH, 33º, Antiguo Gran Comendador del Supremo Consejo de la Jurisdicción Norte de los Estados Unidos.

Il.·. H.·. GOBLET D'ALVIELLA, 33º, Soberano Gran Comendador del Supremo Consejo de Bélgica.

Il.·. H.·. ALBERT GRACIE, 33º, del Supremo Consejo del Brasil.

Il.·. H.·. G. M. METELLI, 33º, representante del Supremo Consejo de Portugal.

Il.·. H.·. H. ARNOLDO ZURCHER, 33º, representante del Supremo Consejo del Uruguay.

Il.·. H.·. EDUARDO AUDÉOUD, 33º, representante del Supremo Consejo de México.

Il.·. H.·. ALBERTO PECORINI, 33º, del Supremo Consejo de Italia.

Il.˙. H.˙. P. MAILLEFER, 33º, representante del Supremo Consejo de Egipto.

Il.˙. H.˙. W. A. H. DOORMAN, 33º, Segundo Gran Canciller del Supremo Consejo de Holanda.

Il.˙. H.˙. PABLO PILET, 33º, Gran Tesorero del Supremo Consejo de Suiza.

COMISIÓN DE VERIFICACIÓN DE PODERES:

Il.˙. H.˙. PERRY W. WEIDNER, 33º, Secretario General del Supremo Consejo de la Jurisdicción Sud E.U.A.

Il.˙. H.˙. RENÉ RAYMOND, 33º, Soberano Gran Comendador del Supremo Consejo de Francia.

Il.˙. H.˙. MANUEL PORTELA, 33º, del Supremo Consejo de España.

Il.˙. H.˙. JAMES I. BUCHANAN, 33º, del Supremo Consejo de la Jurisdicción Norte E.U.A.

Il.˙. H.˙. JORGE PETRE, 33º, Gran Canciller del Supremo Consejo de Bélgica.

Il.˙. H.˙. ANTONIO T. D'ALMEIDA, 33º, del Supremo Consejo de Portugal.

Il.˙. H.˙. ALEJANDRO SORONDO, 33º, Soberano Gran Comendador del Supremo Consejo de la Argentina.

Il.˙. H.˙. UMBERTO LUCARELLI, 33º, representante del Supremo Consejo de México.

Il.˙. H.˙. LÉON MORF, 33º, representante del Supremo Consejo de Grecia.

Il.˙. H.˙. RAOUL PALERMI, 33º, Soberano Gran Comendador del Supremo Consejo de Italia.

Il.˙. H.˙. P. G. H. DOP, 33º, Soberano Gran Comendador del Supremo Consejo de Holanda.

Il.˙. H.˙. HENRI DUAIME, 33º, Gran Orador del Supremo Consejo de Suiza.

Fueron designados presidentes, el M.˙. Il.˙. H.˙. GOBLET D'ALVIELLA, 33º, para la Comisión de reglamentación de la Conferencia, y el M.˙. Il.˙. H.˙. RENÉ RAYMOND, 33º, para la Comisión de verificación de Poderes.

A continuación fué suspendida la sesión, con el fin de permitir a las dos comisiones el cumplimiento de su deber y el desempeño de su cometido.

Informe de la „Comisión de Reglamentación".

Al reanudarse la sesión, el lúnes 29 de Mayo a las 19, el Il.·. H.·. GOBLET D'ALVIELLA, 33º, en nombre de la Comisión de Reglamentación, presentó el informe y las proposiciones siguientes, que fueron aprobadas :

« Esta Conferencia de Francmasones del Rito Escocés Antiguo y Aceptado, tiene por objeto renovar y estrechar los lazos de amistad y de intimidad que, desde hace tanto tiempo, han unido a los Supremos Consejos del Rito en el mundo entero.

Nuestra esperanza es que, conociéndonos y comprendiéndonos mejor, favorezcamos más intensamente la difusión de los principios masónicos, en un espíritu de amistad y de ayuda mútua. Bajo la invocación del Todo Poderoso Gran Arquitecto del Universo, nos ponemos de acuerdo para adoptar el siguiente Reglamento que ha de guiarnos en nuestras deliberaciones.

1. Aceptamos con vivo placer la invitación del Supremo Consejo de Suiza de celebrar nuestras reuniones en sus locales, y le expresamos nuestro agradecimiento por sus serios y desinteresados trabajos para preparar esta Conferencia.

2. Las deliberaciones tendrán lugar en Francés y en Inglés; toda opinión expresada en cualquiera de estas dos lenguas, será inmediatamente traducida a la otra.

3. Todos los Sob.·. Gr.·. Ins.·. Gen.·. activos u honorarios, que se hallen en Lausana, podrán ser admitidos a las sesiones; pero únicamente los delegados, cuyas cartas de crédito hayan sido aprobadas por esta Conferencia, serán autorizados a usar la palabra o a participar en las deliberaciones.

4. Todos los Supremos Consejos tendrán voto igual en esta Conferencia.

Sólo participarán en las votaciones los que sean miembros activos del S.·. C.·. que representen, o los delegados, que, sin tener esta condición, sean portadores de instrucciones escritas para cada cuestión. Estas instrucciones se reunirán como anejo al dossier de la Conferencia.

5. Nadie podrá, sin el consentimiento unánime de la Conferencia, tomar la palabra más de dos veces sobre un mismo tema, y esto con una duración que no exceda de veinte minutos.

6. Las opiniones de todos los Supremos Consejos serán insertas en el proceso verbal, a menos que tres Supremos Consejos se opongan a ello; pero ninguna acción, legalización o recomendación de esta Conferencia podrá obligar a un Supremo Consejo cualquiera, mientras éste no haya aprobado y ratificado la moción.

Toda proposición que obtenga la aprobación de las tres cuartas partes de los Supremos Consejos aquí representados y debidamente autorizados para tratar la cuestión, será sometida a la aprobación de todos los Supremos Consejos; pero esta comunicación sólo se hará a título de recomendación. »

7. Se tomarán las medidas necesarias para que las actas de esta Conferencia sean publicadas por lo menos en francés y en inglés. »

Mesa de la Conferencia.

La Comisión de Reglamentación, recomendaba además:

Para Presidente de la Conferencia, al

Il.·. M.·. P.·. H.·. ALBERT JUNOD, 33º, Sob.·. Gr.·. Com.·. del Supremo Consejo de Suiza.

Para Vice-presidentes permanentes a los:

Il.·. H.·. JOHN H. COWLES, 33º, Sob.·. Gr.·. Com.·. del Supremo Consejo de la Jurisdicción Sud, E.U.A.

Il.·. H.·. RENÉ RAYMOND, 33º, Sob.·. Gr.·. Com.·. del Supremo Consejo de Francia.

82

Il.·. H.·. Léon M. Abbott, 33º, Sob.·. Gr.·. Com.·. del Supremo
Consejo de la Jurisdicción masónica Norte, E.U.A.

Il.·. H.·. Barton Smith, 33º, Past.·. Gr.·. Com.·. del Supremo
Consejo de la Jurisdicción masónica Norte, E.U.A.

Il.·. H.·. Goblet d'Alviella, 33º, Sob.·. Gr.·. Com.·. del Supremo Consejo de Bélgica.

Il.·. H.·. Alejandro Sorondo, 33º, Sob.·. Gr.·. Com.·. del Supremo Consejo de la Argentina.

Il.·. H.·. Paul Maillefer, 33º, Sob.·. Gr.·. Com.·. de honor
del Supremo Consejo de Suiza.

Il.·. H.·. Raoul Palermi, 33º, Sob.·. Gr.·. Com.·. del Supremo
Consejo de Italia.

Il.·. H.·. William Burgess, 33º, Ex-Sob.·. Gr.·. Com.·. del Supremo Consejo de Italia.

Il.·. H.·. Leonardo Ricciardi, 33º, Ex-Sob.·. Gr.·. Com.·. del
Supremo Consejo de Italia.

Il.·. H.·. O. G. H. Dop, 33º, Sob.·. Gr.·. Com.·. del Supremo
Consejo de Holanda.

Para Secretarios a los :

Il.·. H.·. Adolphe Blaser, 33º, Gr.·. Canc.·. Sec.·. Gen.·. del
Supremo Consejo de Suiza.

Il.·. H.·. Perry W. Weidner, 33º, Sec.·. Gen.·. del Supremo
Consejo de la Jurisdicción Sud, E.U.A.

Proposiciones adoptadas.

Mensaje de duelo a la familia del M.·. Il.·. H.·.

ALBERT WELLAUER

La Conferencia acordó expresar sus más sinceras simpatías a la familia del llorado H.·. Dr Albert Wellauer,
33º, quien, en el momento de su muerte acaecida en 7 de
Mayo de 1922, era Gran Canciller Secretario General del Supremo Consejo de Suiza.

Luego se suspendió la sesión, hasta el día siguiente, 30
de Mayo, a las 9.

MARTES 30 DE MAYO DE 1922.

La Conferencia reanuda sus trabajos a las 9; el P∴ H∴ ALBERT JUNOD, 33º, preside en Oriente.

Informe de la „Comisión de Verificación de Poderes„.

La Comisión de verificación de Poderes presenta su informe y las siguientes conclusiones, que son aprobadas :

1. Que habiendo examinado las cartas de legitimación de todos los delegados, se autorice a tomar parte en la Conferencia, como debidamente acreditados, a los Il∴ HH∴ que a continuación se expresan.

Los delegados cuyo nombre vá acompañado de un asterisco, tienen poderes de Supremos Consejos distintos de aquel del que son miembros activos.

ESTADOS UNIDOS DE AMÉRICA, JUR∴ SUD [1]

Il∴ H∴ JOHN H. COWLES, 33º, Sob∴ Gr∴ Com∴

Il∴ H∴ EDWARD CASON DAY, 33º, Gr∴ Min∴ de Estado.

Il∴ H∴ PERRY W. WEIDNER, 33º, Sec∴ Gen∴

Il∴ H∴ GARNETT R. MORGAN, 33º, Gr∴ Tes∴ Gen∴

Il∴ H∴ PHILLIP S. MALCOLM, 33º, Gr∴ M∴ de Cer∴

FRANCIA

Il∴ H∴ RENÉ RAYMOND, 33º, Sob∴ Gr∴ Com∴

Il∴ H∴ JULES SERGENT, 33º, Ten∴ Gr∴ Com∴ (ausente excusado).

Il∴ H∴ RENÉ CHAILLIÉ, 33º, Gr∴ Canc∴ Sec∴ Gen∴

Il∴ H∴ GUILLEMAUD, 33º, (ausente excusado).

ESPAÑA (Véase pág. 21)

ESTADOS UNIDOS DE AMÉRICA, JUR∴ MAS∴ NORTE

Il∴ H∴ LÉON M. ABBOTT, 33º, Sob∴ Gr∴ Com∴

Il∴ H∴ BARTON SMITH, 33º, Ant∴ Sob∴ Gr∴ Com∴

---

[1] Para las señas personales de los delegados, véanse las actas en francés.

Il∴ H∴ Leroy A. Goddard, 33º, Gr∴ Tes∴
Il∴ H∴ James I. Buchanan, 33º.
Il∴ H∴ Th. R. Marshall, 33º.

BÉLGICA

Il∴ H∴ Comte Goblet d'Alviella, 33º, Sob∴ Gr∴ Com∴
Il∴ H∴ Jean Laurent Hasse, 33º, Ten∴ Gr∴ Com∴
Il∴ H∴ Georges Petre, 33º, Gr∴ Canc∴ Sec∴ Gen∴
Il∴ H∴ Armand Anspach, 33º, Gr∴ Or∴

BRASIL

Il∴ H∴ Albert Gracie, 33º.

PERÚ

Il∴ H∴ * Raoul V. Palermi, 33º, (Italia).

PORTUGAL

Il∴ H∴ Antonio Tavares d'Almeida, 33º.
Il∴ H∴ * Albert Dunand, 33º, (ausente excusado).
Il∴ H∴ * Giovanni-Mario Metelli, 33º, (Italia).

URUGUAY

Il∴ H∴ * Paul Maillefer, 33º, (Suiza).
Il∴ H∴ * Arnold Zurcher, 33º, (Suiza).

ARGENTINA

Il∴ H∴ Dr Alejandro Sorondo, 33º, Sob∴ Gr∴ Com∴

COLÓN-CUBA

Il∴ H∴ Juán de la C. Alsina, 33º, (ausente excusado).
Il∴ H∴ Enrique Llauso, 33º, (no ha venido).
Il∴ H∴ Muñoz Sanudo Lisardo, 33º, (no ha venido).

MÉXICO

Il∴ H∴ * Edouard Audéoud, 33º, (Suiza).
Il∴ H∴ * Umberto Lucarelli, 33º, (Italia).

REPÚBLICA DOMINICANA

Il.·. H.·. * Fernand Leveque, 33º, (Bélgica, no ha venido).

VENEZUELA (Véase más abajo) [1]

AMÉRICA CENTRAL

Il.·. H.·. * William Burgess, 33º, (Italia).

GRECIA

Il.·. H.·. * Léon Morf, 33º, (Suiza).

ITALIA

Il.·. H.·. Raoul-V. Palermi, 33º, Sob.·. Gr.·. Com.·.
Il.·. H.·. William Burgess, 33º, Ex-Sob.·. Gr.·. Com.·.
Il.·. H.·. Leonardo Ricciardi, 33º, Ex-Sob.·. Gr.·. Com.·.
Il.·. H.·. Rocco Santoliquido, 33º.
Il.·. H.·. Alberto Pecorini, 33º.
Il.·. H.·. Marcel de Jongh, 33º.

EGIPTO

Il.·. H.·. * Paul Maillefer, 33º, (Suiza).

[1] El Sup.·. Con.·. de los Estados Unidos de Venezuela, había designado, para representarle en la Conferencia de Lausana, tres miembros activos del Sup.·. Cons.·. de Suiza : El M.·. Il.·. H.·. Guillaume Nussle, su Gr.·. Representante; el M.·. Il.·. H.·. Dr Albert Wellauer, Gr.·. Canc.·. Sec.·. Gen.·.; el M.·. Il.·. H.·. Dr L. Alphonse Chrétien, Gr.·. Or.·.. — La carta de notificación y los poderes perfectamente en regla, fechados en Caracas, en 21 de Marzo de 1922, y dirigida, por los tres, al H.·. Albert Wellauer, llegaron a casa de éste el mismo día o la víspera de su muerte. En la confusión que esta muerte repentina produjo en el domicilio de nuestro llorado H.·., los documentos recibidos del Supremo Consejo de Venezuela fueron encerrados, por error, con otros papeles particulares del difunto y no llegaron por esta causa a manos de nuestro nuevo Gr.·. Sec.·. Gen.·. del Sup.·. Cons.·. de Suiza, hasta varios días después de la clausura de la Conferencia internacional de SS.·. CC.·.

Expresamos por ello nuestro sentimiento al Sup.·. Cons.·. de los Estados Unidos de Venezuela, que, debido a esta enojosa circunstancia, en contra de su voluntad, no ha sido representado en la Conferencia de Lausana.

PAÍSES BAJOS

Il∴ H∴ D⁣ᵣ P. G. H. Dop, 33º, Sob∴ Gr∴ Com∴
Il∴ H∴ W. A. H. Doorman, 33º, 2ᵉ Gr∴ Canc∴

SERBIA (Serbios, Croatas y Eslovacos)

Il∴ H∴ * Auguste Cahorn, 33º, (Suiza).

SUIZA

Il∴ H∴ Paul Maillefer, 33º, Sob∴ Gr∴ Com∴ de honor.
Il∴ H∴ Albert Junod, 33º, Sob∴ Gr∴ Com∴
Il∴ H∴ Auguste Cahorn, 33º, Ten∴ Gr∴ Com∴
Il∴ H∴ Adolphe Blaser. 33º, Gr∴ Canc∴ Sec∴ Gen∴
Il∴ H∴ Paul Pilet, 33º, Gr∴ Tes∴
Il∴ H∴ Henri Duaime, 33º, Gr∴ Or∴
Il∴ H∴ Henri Cottier, 33º.
Il∴ H∴ A. Aubert, 33º.
Il∴ H∴ G. Nussle, 32º.
Il∴ H∴ H. A. Rochat, 33º.
Il∴ H∴ Léon Morf, 33º.
Il∴ H∴ H. Scheuchzer, 33º.

2. Dos de los delegados enviados a la Conferencia por el Supremo Consejo de Egipto, y un delegado del Supremo Consejo del Uruguay, no han sido admitidos por que estos delegados no son miembros activos de un Supremo Consejo reconocido por esta Conferencia.

3. En cuanto a los delegados del Supremo Consejo de España, la Comisión estima que este Supremo Consejo es regular y que los poderes de sus delegados están en regla; pero dado que los dos Supremos Consejos de los Estados Unidos han retirado su reconocimiento al Supremo Consejo de España, a causa de existir cuerpos masónicos españoles en la Jurisdicción de los Estados Unidos, lo que constituye una violación de los derechos territoriales, la Comisión dejó a la Conferencia el cuidado de decidir si, en estas condiciones, el Supremo Consejo de España podía ser admitido a ella.

Después de una larga discusión, el Il.·. H.·. Goddard, 33º, representante del Supremo Consejo por la Jurisdicción masónica Norte, E. U. A., propuso la resolución siguiente, que fué aceptada:

Que la diferencia entre los dos Supremos Consejos de los Estados Unidos y el Supremo Consejo de España, sea el primer punto de la orden del día de la primera sesión general de la Conferencia.

Mientras tanto, los Supremos Consejos interesados celebren una reunión particular para llegar a una reconciliación, de acuerdo esto con una proposición del Il.·. H.·. Barcia, 33º, representante del Supremo Consejo de España.

Reparto de los Trabajos en tres Secciones.

El Presidente propuso seguidamente que, para continuar la tradición establecida en Bruselas en 1907, y en **Washington** en 1912, los trabajos fueran repartidos en tres secciones, a saber:

Sección 1. Cuestiones relativas a los Supremos Consejos legítimos y regulares, su definición y su organización.

Sección 2. Cuestiones relativas a la defensa contra toda organización irregular o clandestina.

Sección 3. Unidad y uniformidad del Rito.

De acuerdo los Sob.·. Gr.·. Com.·. y los Jefes de delegación, las diferentes secciones fueron constituídas como sigue, remitiéndoseles los temas que les concernían.

SECCIÓN I.

Il.·. H.·. P. S. Malcolm, 33º, de la Jur.·. Sud E.U.A.
Il.·. H.·. René Chaillié, 33º, de Francia.
Il.·. H.·. Auguste Barcia, 33º, de España.

Il.·. H.·. Thomas R. Marshall, 33º, de la Jur.·. Mas.·. Norte,
E.U.A.
Il.·. H.·. Georges Petre, 33º, de Bélgica.
Il.·. H.·. Albert Gracie, 33º, del Brasil.
Il.·. H.·. G. M. Metelli, 33º, por Portugal.
Il.·. H.·. Umberto Lucarelli, 33º, por México.
Il.·. H.·. Raoul V. Palermi, 33º, de Italia.
Il.·. H.·. P. G. H. Dop, 33º, de Holanda.
Il.·. H.·. Henri Duaime, 33º, de Suiza.

Presidente : Il.·. H.·. Raoul V. Palermi, 33º, Sob.·. Gr.·. Com.·.
de Italia.

SECCIÓN II.

Il.·. H.·. John H. Cowles, 33º, de la Jur.·. Sud, E.U.A.
Il.·. H.·. René Raymond, 33º, de Francia.
Il.·. H.·. Manuel Portela, 33º, de España.
Il.·. H.·. Léon M. Abbott, 33º, de la Jur.·. Mas.·. Norte, E.U.A.
Il.·. H.·. Jean Laurent Hasse, 33º. de Bélgica.
Il.·. H.·. Armand Anspach, 33, de Bélgica (suplente).
Il.·. H.·. Alejandro Sorondo, 33º, de la Argentina.
Il.·. H.·. Edouard Audéoud, 33º, por México.
Il.·. H.·. Albert Pecorini, 33º, de Italia.
Il.·. H.·. W. A. H. Doorman, 33º, de Holanda.
Il.·. H.·. A. Aubert, 33º, de Suiza.

Presidente : Il.·. H.·. John H. Cowles, 33º, Sob.·. Gr.·. Com.·.
Jur.·. Sud, E.U.A.

SECCIÓN III.

Il.·. H.·. Garnett R. Morgan, 33º, de la Jur.·. Sud, E.U.A.
Il.·. H.·. René Raymond, 33º, de Francia.
Il.·. H.·. José Lescura, 33º, de España.
Il.·. H.·. Leroy A. Goddard, 33º, de la Jur.·. Mas.·. Norte,
E.U.A.
Il.·. H.·. Goblet d'Alviella, 33º, de Bélgica.
Il.·. H.·. Antonio T. d'Almeida, 33º, de Portugal.
Il.·. H.·. Arnold Zurcher, 33º, por Uruguay.
Il.·. H.·. Umberto Lucarelli, 33º, por México.
Il.·. H.·. William Burgess, 33º, de Italia.

Il.˙. H.˙. P. G. H. Dop, 33º, de Holanda.
Il.˙. H.˙. Auguste Cahorn, 33º, de Suiza.

Presidente : Il.˙. H.˙. Goblet d'Alviella, 33º, Sob.˙. Gr.˙. Com.˙.
de Bélgica.

Cuestiones propuestas al estudio de la Conferencia.

El Presidente anunció enseguida que el Supremo Consejo
de Suiza, había sido encargado de someter a la Conferencia
las cuestiones adicionales siguientes :

A. DEL SUPREMO CONSEJO DE FRANCIA :

1. Cuestiones dejadas en suspenso por la Conferencia
de 1912.

2. ¿ En qué medida la Federación escocesa entiende que
debe ir en socorro de los Supremos Consejos diezmados, em-
pobrecidos, o suprimidos por la guerra?

3. ¿ En vista de la numerosas recepciones de desterrados
rusos en los países extranjeros, especialmente Francia, y de
sus deseos de crear, al volver a su patria, Logias y Talleres
Superiores y hasta un Supremo Consejo, qué actitud debe-
mos adoptar, para ir siempre de común acuerdo ?

4. Medidas que deben adoptarse para colaborar al establecimiento definitivo de la paz mundial.

5. ¿ Cómo se ha de propagar el Escocismo, en aquellos
puntos donde no existe todavía?

6. Estudio de la situación de los Supremos Consejos
irregulares y examen del restablecimiento de la necesaria
unidad.

7. Mantenimiento de la « American Masonic Headquarters » en París, y su transformación en Oficina masónica internacional del Escocismo, para la centralización del
movimiento mundial escocés y su irradiación al exterior,
así como para las relaciones constantes que se deben man-

ener con todos los HH∴ escoceses que pasen por París. Queda entendido que todos los Supremos Consejos contri-·buirían al sostenimiento y a los gastos de esta oficina, en una proporción racional que habría que determinar.

(A comparar con las proposiciones hechas por los Supremos Consejos de Italia y de Suiza, sobre la creación de una Secretaría Central, de la que el Supremo Consejo de Suiza estaría dispuesto a encargarse en las mismas condiciones.)

8.   Unificación de los títulos, pasaportes, etc. y centralización, por ejemplo en el Supremo Consejo de Suiza, de los modelos empleados en las diferentes Obediencias.

(Está ligada a la cuestión precedente, y sería una de las primeras obligaciones de la Secretaría por crear.)

9.   Estudio comparado de las relaciones de las grandes logias con los Sup∴ Cons∴ en los diversos países.

(Tema particularmente interesante, que entraría en las atribuciones de aquella Secretaría General.)

B.   DEL SUPREMO CONSEJO DE ITALIA.

10.   Unificación de los Rituales; estrecha unión entre los Supremos Consejos, con tendencia a desarrollar la influencia del Escocismo; establecimiento de una oficina central en un Sup∴ Cons∴ que designará la Conferencia.

(A reunir con las cuestiones Nos 7, 8, 9 y 12.)

C.   DEL SUPREMO CONSEJO DE SUIZA.

12.   Dado el gran número de datos que deben ser recogidos y centralizados, es de desear la creación de una secretaría permanente. El Supremo Consejo de Suiza está dispuesto a asumir su dirección, con el apoyo de los otros Supremos Consejos Confederados.

(A reunir con las cuestiones Nos 7, 8, 9 y 10.)

13.   Cuestiones referentes a Rusia, Checoeslovaquia y
.Polonia.

Estas cuestiones fueron asignadas a las diferentes secciones como sigue :

SECCIÓN 1, cuestiones Nos 1, 3 y los negocios relativos a
Rusia, Checoeslovaquia y Polonia.   .

SECCIÓN 2, cuestión Nº 6.

SECCIÓN 3, cuestiones Nos 4, 5, 8, 9, 10 y 12.

Las cuestiones 2 y 7 habían sido retiradas.

Consultada acerca de la cuestión Nº 11, la Conferencia
decidió excluirla de los asuntos a tratar.

La Conferencia se aplazó, entonces, hasta el miércoles,
31 de Mayo, a las 15.

MIÉRCOLES, 31 DE MAYO, A LAS 15

El Presidente, H.·. ALBERT JUNOD, 33º, abre la sesión a
la hora fijada. De acuerdo con el programa, antes de pasar a
tratar de los temas pendientes, concede la palabra al M.·.
P.·. H.·. GOBLET D'ALVIELLA, 33º, para que dé su anunciada
conferencia sobre la PERSECUCIÓN DEL REAL DECRETO.
Esta Conferencia, de extraordinario interés, a la cual es-
taban invitados además de los delegados, todos los HH.·. del
32º y 33º grado, fué subrayada por unánimes aplausos. Des-
cripción filosófica de los magníficos Rituales adoptados en
Bélgica por los grados superiores, esta Conferencia no puede
ser incluída en este acta; pero su autor se dignó conceder
que fuera depositada en los archivos del Supremo Consejo
de Suiza, con los otros documentos relativos a la Conferencia
internacional.

Inteligencia entre los Sup.·. Cons.·. de los Estados Unidos
y el Sup.·. Cons.·. de España.

El Presidente somete a los delegados la primera cuestión de la orden del día, o sea la diferencia entre los dos Supremos Consejos de los Estados Unidos y el Supremo Consejo de España.

El Il.·. H.·. Barton Smith, 33º, comunica que, de acuerdo con la decisión de la Conferencia, los tres Supremo Consejos, por mediación de sus representantes, han tenido una entrevista para discutir sus diferencias, y tiene el placer de manifestar que han llegado a un acuerdo.

Cada uno de los Consejos estaba representado en esta entrevista, por dos HH.·., a saber : por la Jurisdicción Sud de los Estados Unidos, el Il.·. H.·. Edward C. Day, 33º, y el Il.·. H.·. Perry W. Weidner, 33º; por la Jurisdicción Norte de los Estados Unidos, el Il.·. H.·. Barton Smith, 33º. y el Il.·. H.·. James I. Buchanan, 33º; por España, el Il.·. H.·. Augusto Barcia, 33º, y el Il.·. H.·. Manuel Portela, 33º,

Habiendo manifestado los representantes del Supremo Consejo de España, su deseo de acomodarse, en lo que fuera posible, a los puntos de vista de sus HH.·. americanos, por petición de éstos y en cordial acuerdo, los delegados de América dirigen a la Conferencia la nota siguiente :

« A la Conferencia internacional de los Supremos Consejos del grado 33º :

« La Comisión especial de la Conferencia de los Supremos Consejos, habiendo examinado la queja presentada por los Supremos Consejos de las Jurisdicciones Sud y Norte de los Estados Unidos de América, acerca de la invasión de su territorio por el Supremo Consejo de España, ruega a la Conferencia que invite al Supremo Consejo de España a retirarse de su territorio ».

Adoptado por unanimidad.

93

En vista de lo cual, los representantes del Supremo Consejo de España depositan la declaración siguiente :

« A la Conferencia de Supremos Consejos,

LAUSANA (Suiza).

« Ilustres Hermanos :

« Los abajo firmados, delegados del Supremo Consejo de España en esta Conferencia, declaran que, apenas vuelvan a Madrid, impulsarán al Supremo Consejo de España a que tome inmediatas medidas para retirar las cartas de todas las asociaciones que pretendan estar bajo su obediencia en el territorio de los Estados Unidos y en el distrito de Colombia.

« Prometen también solemnemente emplear toda su influencia y poder, para obtener idéntica medida en cuanto a las asociaciones existentes en los mismos territorios, bajo la obediencia del Grande Oriente de España.

« Prometen, además, que no estimularán ni tolerarán actos o actitudes contrarias a los rectos deseos de los HH.·. de los Estados Unidos de América, en las asociaciones colocadas bajo la obediencia de la autoridad masónica de España en la Isla de Puerto Rico y en las Filipinas.

(Firmado) AUGUSTO BARCIA, 33º, G.M.I.G.O.E.

MANUEL PORTELA, 33º.

JOSÉ LESCURA, 33º. »

Admisión del Supremo Consejo de España en la Conferencia.

El Il.·. H.·. BARTON SMITH, 33º, Ant.·. Gr.·. Com.·. de la Jurisdicción masónica Norte de los Estados Unidos, presenta entonces la resolución siguiente que, apoyada por el Il.·. H.·. ED. C. DAY, 33º, Gr.·. Min.·. de Estado de la Jurisdicción Sud, E.U.A., es aceptada por unanimidad de la Conferencia :

« Que sea resuelto que los :

Il.·. H.·. Augusto Barcia, 33º, Gr.·. M.·. del Gr.·. Or.·.
Il.·. H.·. Manuel Portela, 33º, Ven.·. en Barcelona.
Il.·. H.·. José Lescura, 33º, Gr.·. Canc.·. del S.·. C.·.

tomen parte en esta Conferencia en calidad de miembros regulares y con todos los derechos y poderes, como delegados del Supremo Consejo de España. »

Dictamen parcial de la Sección 1 :

Regularidad de los Supremos Consejos.

Reconocimiento de Supremos Consejos recientemente

organizados.

El Il.·. H.·. Raoul Palermi, 33º, Sob.·. Gr.·. Com.·. del Sup.·. Cons.·. de Italia, Presidente de la primera sección, propone los acuerdos siguientes, que son aprobados por unanimidad :

1. Esta Conferencia recomienda a los SS.·. CC.·. confederados, que reconozcan como regular al Supremo Consejo de Checoeslovaquia, fundado bajo los auspicios de los SS.·. CC.·. de Suiza y de Italia, y que cambien con él garantes de amistad.

Si esta sugestión es adoptada, la sección propone que los delegados del Supremo Consejo de Checoeslovaquia sean admitidos a participar en la Conferencia.

2. Esta Conferencia recomienda a los SS.·. CC.·. confederados, que reconozcan como regular el Supremo Consejo de Polonia, constituido bajo los auspicios de los SS.·. CC.·. de Suiza, Italia y los Países Bajos, y que cambien con él garantes de amistad.

Si esta sugestión es adoptada, la sección propone que los delegados del Supremo Consejo de Polonia sean admitidos a participar en la Conferencia.

El Presidente invita entonces a los delegados de los Supremos Consejos de Checoeslovaquia y de Polonia a tomar parte en los trabajos, y, después de darles la bienvenida en palabras subrayadas por los aplausos de la Asamblea, presenta a la Conferencia :

Por el Supremo Consejo de Checoeslovaquia a los :

Il.·. H.·. ALFONS MUCHA, 33º, Sob.·. Gr.·. Com.·.
Il.·. H.·. LADISLAS SYLLABA, 33º, Gr.·. Or.·.
Il.·. H.·. VIKTOR DWORSKY, 33º, Gr.·. Canc.·.

Por el Supremo Consejo de Polonia a los :

Il.·. H.·. ANDRÉ STRUG, 33º, Sob.·. Gr.·. Com.·.
Il.·. H.·. RAFAL RADVINILLOWICZ, 33º, Gr.·. Or.·.
Il.·. H.·. GIUSEPPE STABILE, 33º, (Italia).

El Il.·. H.·. ANDRÉ STRUG, 33º, Sob.·. Gr.·. Com.·. del Supremo Consejo de Polonia, dá las gracias a la Asamblea.

La Conferencia seguidamente se suspende hasta el viernes, 2 de Junio de 1922, a las 9 de la mañana.

Tenida Solemne del Grado 18º.

El mismo dia, 31 de Mayo, a las 17, tuvo lugar en el Templo Masónico, bajo la Presidencia del Sob.·. Gr.·. Com.·. JUNOD, 33º, una Tenida Solemne, del grado 18º, con presentación de los Il.·. HH.·. delegados, de los GG.·. II.·. GG.·., 33º y de las diputaciones del Consistorio del grado 32º, de los tres Areopagos y de los cuatro Capítulos, colocados bajo la obediencia del Supremo Consejo de Suiza.

El Il.·. H.·. HENRI DUAIME, 33º, Gr.·. Or.·., saludó a los Il.·. HH.·. delegados en nombre de la masonería escocesa de Suiza, y expuso el programa de ésta.

El M.·. P.·. H.·. RENÉ RAYMOND, 33º, Sob.·. Gr.·. Com.·. del Supremo Consejo de Francia, contestó en nombre de los delegados.

JUEVES, 1º DE JUNIO DE 1922.

Paseo en vapor por el Lago Leman; visita a Ginebra (locales de la Sociedad de las Naciones y de la Oficina Internacional del Trabajo) y al Castillo de Chillón.

VIERNES, 2 DE JUNIO 1922, A LAS 9 DE LA MAÑANA

La Conferencia se reanuda a la hora fijada, bajo la Presidencia del M.·. P.·. H.·. ALBERT JUNOD, 33º.

Comunicación al M.·. Il.·. H.·. Barton SMITH, 33º.

El M.·. P.·. H.·. LÉON M. ABBOTT, 33º, Sob.·. Gr.·. Com.·. de la Jurisdicción Norte de los Estados Unidos, anuncia que el M.·. Il.·. H.·. BARTON SMITH, 33º, antiguo Gr.·. Comendador, sufre, desde ayer, una indisposición. Aún cuando su estado de salud sea ya mejor esta mañana, no puede asistir a la sesión, lo que lamenta, tanto más cuanto que este día cumple el 70º aniversario de su nacimiento.

En nombre de la Conferencia, el Presidente ruega al M.·. P.·. H.·. ABBOTT, 33º, que tenga la bondad de transmitir al H.·. BARTON SMITH, el vivo sentimiento de todos sus HH.·. por su enfermedad, sus votos sinceros por su pronta curación y su felicitación por su 70º aniversario.

Testimonio de reconocimiento a los intérpretes
de la Conferencia.

Por mediación del M.·. P.·. H.·. LÉON ABBOTT, 33º, las dos Jurisdicciones Sud y Norte de los Estados Unidos, piden permiso para ofrecer, en nombre de la Conferencia, al Il.·. H.·. ALBERT PECORINI, 33º, un testimonio de reconocimiento por los servicios que ha prestado como intérprete oficial.

El Presidente anuncia que el Supremo Consejo de Suiza
tenía igual propósito, que quería extender al Il.·. H.·. Armand Anspach, 33º, que ha secundado en su misión al ll.·.
H.·. Pecorini, 33º.

Así se acuerda.

Invitaciones del Supremo Consejo de Francia y del
Supremo Consejo de la Argentina.

El M.·. Il.·. H.·. René Raymond, 33º, Sob.·. Gr.·. Comendador del Supremo Consejo de Francia, transmite a la
Asamblea, en nombre de este Consejo, una invitación para
fijar en París, en 1927, el lugar de la cuarta Conferencia internacional, bajo los auspicios del Supremo Consejo de
Francia.

El Presidente da lectura a la carta siguiente :

Lausana, 1º de Junio de 1922.

Al M.·. P.·. Gran Comendador del Supremo Consejo
de los 33ᵒˢ de SUIZA.

Presidente de la Conferencia internacional
de Supremos Consejos,

M.·. P.·. y querido Hermano :

Tengo el honor de anunciaros, en nombre del Supremo
Consejo de los 33ᵒˢ de la República Argentina, del que tengo
el placer de ser delegado en la Conferencia, que mi Supremo
Consejo seria muy dichoso si fuera escogido para organizar
la próxima Conferencia de Supremos Consejos en la ciudad
de Buenos Aires.

Al honrarme ofreciendo a la Conferencia nuestra hospitalidad, puedo aseguraros que, si os dignáis acoger favorablemente nuestra invitación, de ella resultará muy grande un

impulso para toda la Masonería escocesa de la América del
Sud.

Aceptad, mi M∴P∴ Gran Comendador, la expresión de
mi fraternal devoción.

(Firmado) ALEJANDRO SORONDO, 33°,
Sob∴ Gr∴ Com∴

Telegrama del Supremo Consejo de Colon-Cuba.

El siguiente telegrama, recibido del M∴ P∴ H∴ ANTO-
NIO RUIZ, 33°, Sob∴ Gr∴ Com∴ del Sup∴ Cons∴ de Colón-
Cuba, es comunicado a la Asamblea, que se entera de él
con sentimiento :

Presidente del Congreso Internacional de los Supremos
Consejos del Rito Escocés antiguo y aceptado,

LAUSANNE

Vivo sentimiento que JUAN ALSINA, Teniente Gr∴ Comendador, delegado de nuestro Supremo Consejo de Colón,
en camino para Congreso internacional, ha ya caído súbita-
mente enfermo en Nueva York. Sírvase expresar nuestros
sentimientos fraternales y nuestros mejores votos a los Supremos Consejos reunidos.

Dictamen de la Sección 1 :

„Regularidad de los Supremos Consejos" (Continuación).

Exaltación de Francmasones rusos al 33 grado.

El M∴ P∴ RAOUL V. PALERMI, 33°, Sob∴ Gr∴ Com∴
del Supremo Consejo de Italia, presenta la continuación del
rapport de la primera sección, y hace, en su nombre, la proposición siguiente :

Esta Conferencia recomienda a la aprobación de los Supremos Consejos la resolución siguiente :

1. El Supremo Consejo de Francia queda encargado especialmente de seguir los trabajos de constitución de un Sup.·. Cons.·. en Rusia, y para evitar, conflictos de jurisdicción, ningún otro Supremo Consejo conferirá el grado 33º a refugiados rusos, sin delegación especial del Sup.·. Cons,·. de Francia.

Después de discutida, esta resolución es adoptada.

La PRIMERA SECCIÓN ha recibido diversas comunicaciones que no han dado lugar a discusión ni voto. Se resumen como sigue :

1. El Supremo Consejo de la Jurisdicción Sud de los Estados Unidos de América, ha establecido en China Logias, Capítulos, Consistorios y Consejos, compuestos de Chinos instruidos que han vivido en América o en Inglaterra.

2. El Supremo Consejo de los Países Bajos no pierde de vista la introducción del Escocismo en Alemania. Declara que únicamente en un tiempo todavía lejano, cuando el espíritu de Alemania haya cambiado, podrá ser resuelta esta cuestión.

3. La Masonería de Rumania está en relación con la Mas.·. irregular de Thomson, creyendo de buena fé, que se trata de la verdadera Masonería escocesa Américana. Es conveniente no perder ocasión de ilustrar a aquellos HH.·.

4. La SECCIÓN ha oído igualmente a tres HH.·. rusos de la obediencia del Sup.·. Cons.·. de Francia, y ha recibido de éllos, con gran satisfacción, noticias sobre sus esperanzas.

Dictamen de la Sección 2 :

„Defensa contra los irregulares".

El Il.·. H.·. JOHN H. COWLES, 33º, Sob.·. Gr.·. Com.·. del Sup.·. Cons,·. de la Jurisdicción Sud de los Estados Unidos, presenta el dictámen siguiente, que se adopta por unanimidad.

A la Conferencia Internacional de los Supremos Consejos
del grado 33º.

Habiendo la Sección segunda considerado las cuestiones
sometidas a su estudio, relativas a la protección contra las
organizaciones irregulares y clandestinas, propone las resoluciones siguientes :

Resolución 1. En opinión de esta Conferencia, cada
Sup∴ Cons∴ debe ser soberano y estar libre de todo control
o dirección de cualquier otro cuerpo u organización masónica
en la manera de elegir sus miembros, en la designación de
sus Off∴ y en la duración de sus funciones, en la adopción
de sus reglamentos y en sus poderes de legislación, en sus
relaciones con sus miembros y con todos los cuerpos que le
están subordinados en su Jurisdicción, bajo reserva de los
derechos de las Grandes LL∴ regulares que dirigen los tres
primeros grados, y de acuerdo con los reglamentos y leyes
de la antigua Masonería.

Resolución 2. En adelante, todo Supremo Consejo que
conceda o retire su reconocimiento a otro Supremo Consejo,
notificará inmediatamente su decisión a todos los otros SS∴
CC∴ así como también, las razones que la justifiquen. Si
esta exclusión de reconocimiento es aprobada por la mayoría de los SS∴ CC∴ representados en esta Conferencia, el
Sup∴ Cons∴ excluído no podrá participar en adelante en
las Conferencias internacionales, hasta que la causa de su
exclusión haya sido declarada como no fundada, por la
mayoría de los SS∴ CC∴ representados en la más próxima
Conferencia internacional.

Resolución 3. En adelante, todo Supremo Consejo, además de los ya representados en esta Conferencia o en las de
1907 y 1912, que solicite ser admitido en las Conferencias
internacionales de SS∴ CC∴, deberá presentar a la Conferencia la prueba de que su organización y su actividad están
en perfecta armonía con los principios establecidos por las
Gr∴ Const∴ y Reg∴ de 1762 y 1786, universalmente pro-
mulgados y en vigor.

101

RESOLUCIÓN 4. Los cuerpos masónicos libres y ac∴ o todas las personas que confieran grados, cumplan los Ritos o dirijan los trabajos del Rito escocés ant∴ y ac∴, cuyos SS∴ CC∴ no están mencionados en la lista de SS∴ CC∴ invitados o representados en esta Conferencia, o que sean reconocidos y admitidos, mas tárde, como regulares, por la mayoría de los SS∴ CC∴ confederados, deben ser considerados como cuerpos irregulares o clandestinos.

Ningún masón del Rito Escocés ant∴ y ac∴ puede tener en ninguna circunstancia, relación de ninguna clase con alguno de estos cuerpos irregulares, ni con ningún miembro o cuerpo subordinado que obre bajo su autoridad.

En adelante, ningún Sup∴ Cons∴ será considerado regular si no se ha hecho reconocer por todos los SS∴ CC∴ confederados y establecido relaciones fraternales con ellos en un período de cuatro años a partir de la fecha de su fundación.

RESOLUCIÓN 5. Los SS∴ CC∴ confederados recomendarán a todas las organizaciones que pertenezcan a su Jurisdicción, que no mantengan relación alguna con cuerpos irregulares, de acuerdo con la resolución precedente. A este fin, cada Sup∴ Cons∴ comunicará a todas las organizaciones a sus órdenes, la lista de todos los SS∴ CC∴ regulares y las presentes resoluciones.

RESOLUCIÓN 6. El Sec∴ Gen∴ u otro Oficial competente de cada Sup∴ Cons∴ comunicará a todos los otros SS∴ CC∴ considerados como regulares por esta Conferencia, una lista de todos los cuerpos masónicos, ya sean del Rito Escocés ant∴ y ac∴, ya sean de otro Rito, reconocidos como regulares, así como una lista tan completa como sea posible, de todos los cuerpos considerados como irregulares.

RESOLUCIÓN 7. Lamentando y sintiendo que muchos hombres honorables, que serían buenos masones y podrían honrar nuestra Orden, pertenezcan a organizaciones irregulares o clandestinas, que se titulan masónicas, la Conferencia les invita, confiando en su rectitud y moralidad, a hacer gestiones inmediatas para llegar a ser miembros de associaciones masónicas regulares e internacionalmente reconocidas; recomienda a los cuerpos masónicos a que se pudieran dirigir, que reciban su demanda con cortesía y benevolencia, y les otorguen toda cooperación para el cumplimiento de sus deseos.

RESOLUCIÓN 8. La demanda de reconocimiento recibida del Gr∴ Or∴ de Dinamarca, está, de hecho, resuelta negativamente por las decisiones de principio adoptadas ya por la Conferencia. No se le dará curso por consiguiente.

Agradecimiento y recuerdos ofrecidos al Sup∴ Cons∴ de Suiza.

En nombre de los SS∴ CC∴ representados en esta Conferencia, el Il∴ H∴ EDWARD C. DAY, 33º, Gran Ministro de Estado de la Jur∴ Sud, E.U.A., da gracias al Sup∴ Cons∴ de Suiza por su acogida fraternal, y le ofrece, en nombre de los delegados, un magnífico reloj Luis XV.

El Presidente dá las gracias más vivas a los Il∴ HH∴ delegados, en nombre de los HH∴ de Suiza, que no han hecho más que cumplir modestamente con su deber, y acepta este bello regalo, no como una recompensa, si no como un testimonio de amistad.

La Conferencia queda aplazada hasta las 3 de la tarde.

VIERNES, 2 DE JUNIO DE 1922, A LAS 3 DE LA TARDE

La Conferencia se reanuda a la hora fijada, bajo la Presidencia del M∴ P∴ H∴ ALBERT JUNOD, 33º.

Resolucion en favor de la Paz universal.

El M∴ P∴ H∴ LÉON ABBOTT, 33º, Sob∴ Gr∴ Com∴ de la Jur∴ Mas∴ Norte de los Estados Unidos, presenta la resolución siguiente que es aprobada por unanimidad :

« Los delegados de esta Conferencia internacional, se comprometen a dirigir todos sus esfuerzos y a emplear toda su influencia para el mantenimiento de la paz universal y permanente entre las naciones. Declaran, además, que aprueban de todo corazón los esfuerzos hechos por los representantes de los diversos Gobiernos, para llegar a una mayor armonía, a una inteligencia mes cordial y a májores relaciones entre los pueblos del mundo.

Según las antiguas Constituciones de nuestro Rito, el fin de nuestra Sociedad es la armonía, la felicidad, el progreso y el bienestar de la raza humana en general y de cada individuo en párticular. Nuestros Rituales nos enseñan que este fin no puede ser alcanzado más que por la práctica del amor fraternal.

Deseamos, por consiguiente, recordar a cada miembro del Rito, que, en donde quiera que se encuentre, tiene el deber de emplear en toda ocasión y para con todos los hombres, toda su influencia personal para hacer triunfar esta regla.

Nos comprometemos a emplear nuestros más eficaces esfuerzos para combatir el odio y la amargura, la ignorancia y la superstición; para llevar la alegría y la paz, por las luces de la educación, a los corazones y a la vida de todos los hombres, cualquiera que sea su raza, su lengua o su religión. »

Relación de la Sección 2 :

„Defensa contra los irregulares".

Proposiciones del Supremo Consejo de Egipto.

El M∴ P∴ H∴ Paul Maillefer, 33º, Sob∴ Gr∴ Com∴ de honor del Sup∴ Cons∴ Suiza, delegado del Sup∴ Cons∴ de Egipto en esta Conferencia, habiendo depositado de acuerdo con su mandato, una proposición de este Supremo Consejo, la Conferencia, después de discutirla, adoptó por unanimidad una resolución de la segunda sección, presentada por su Presidente, el M∴ P∴ H∴ John H. Cowles, 33º, asi redactada :

« Después de haber examinado las comunicaciones del
Sup.·. Cons.·. de Egipto y de M. G. Camera, acerca de ciertas
revindicaciones referentes al Supremo Consejo de Italia, y
considerando que el Sup.·. Cons.·. presidido por el M.·. P.·.
H.·. Raoul Palermi es el único Sup.·. Cons.·. regular en
Italia y el único reconocido en esta calidad por todos los SS.·.
CC.·. representados en esta Conferencia, la Confencia decide
que las comunicaciones antedichas del Sup.·. Cons.·. de
Egipto y de Mr Giovanni Camera, no sean tomadas en con-
sideración. »

Dictamen de la Sección 3 : Unidad del Rito.

En nombre de la tercera sección, su Presidente el M.·.
P.·. H. Goblet d'Alviella, 33º, Sob.·. Gr.·. Com.·. del Supremo Consejo de Bélgica, presenta el dictamen siguiente
que es aprobado por unanimidad :

A la Conferencia internacional del 33º grado :

La Sección Tercera ha examinado las diferentes cuestiones que le han sido asignadas y somete a la Conferencia
las advertencias y recomendaciones siguientes :

CUESTIÓN Nº 3 : **Actitud que debe tomarse para con
los desterrados rusos.** — La Sección Tercera había abor-
dado el examen de esta cuestión cuando se ha enterado de
que la primera Sección se había ya ocupado de ella. Sólo nos
resta felicitarla por la solución que ha propuesto y que ha
dado ya lugar a una ratificación solemne por la Conferencia.

CUESTIÓN Nº 4 : **Colaboración de la Masonería en favor
de la paz mundial.** — Esta cuestión ha sido retirada por el
Sup.·. Cons.·. de Francia que la había presentado. Hace ya
mucho tiempo que en varias ocasiones la masonería escocesa
entera, y también otros Ritos, se ha pronunciado en favor de
la adopción de medidas encaminadas a la sustitución de la
guerra por el arbitraje como medio de arreglar las diferencias entre naciones, y llegar así a la paz universal.

105

CUESTIÓN Nº 5 : **Difusión del Escocismo en los lugares donde no existe.** — La Sección cree que debe intensificarse la propaganda individual cerca de los miembros regulares de las Logias simbólicas que parezcan dispuestos a comprender y a aplicar los principios y los métodos del Escocismo.

CUESTIÓN Nº 7 : **Sostenimiento en París de los American Masonic Headquarters.** — Esta proposición ha sido retirada por indicación unánime de la Sección.

CUESTIÓN Nº 8 : (Véase la cuestión Nº 10).

CUESTIÓN Nº 9 : **Relaciones de las Grandes LL.·. con los Sup.·. Cons.·.** — Un miembro ha hecho observar que, en el seno de varias Jurisdicciones, Grandes Logias u otros organismos masónicos intervienen en la elección de los miembros de los SS.·. CC.·. los cuales, según las Constituciones, deben ser exclusivamente elegidos por el sistema de la cooptación ; y aún más, que estos organismos intervienen directa o indirectamente en la designación del mismo Sob.·. Gr.·. Com.·.. Dicho miembro estima que haría falta poner término a estos abusos, y que sería conveniente volver a los principios establecidos por las Grandes Constituciones.

Otro miembro ha hecho observar que el caso no puede producirse en las jurisdicciones escocesas, que admiten el derecho de las grandes logias a gobernar exclusivamente las logias simbólicas, dejando al Supremo Consejo una autoridad absoluta sobre los grados superiores y el derecho a reglamentar su propia organización. Tal es el sistema admitido en en todas las Juridicciones de la América septentrional ; además, el continente, en Bélgica, en Suiza, en Francia y en la mayoría de los otros países. Está de acuerdo con que si hay excepciones, es necesario ponerlas término.

Un miembro ha hecho la proposición de que todo Supremo Consejo que no se conforme con esta regla, no sea admitido en la Conferencia, mientras no admita el derecho absoluto de los Supremos Consejos a elegir sus propios miem-

bros y su Soberano Gran Comendador sin la intervención de
ninguna autoridad extraña.

Todos los miembros presentes han aceptado esta idea,
pero algunos han estimado que no había lugar a votación
porque la cuestión ha sido ya examinada por la Primera
Comisión, que va a presentar a la Conferencia una proposición concebida en el mismo sentido.

Por consiguiente, la sección, aún cuando haciendo con-
star el acuerdo unánime de sus miembros, ha decidido no
votar sobre la cuestión.

CUESTIÓN es Nᵒˢ 8 y 10: **Unificación de los Rituales, títulos, pasaportes, etc.** — Se ha hecho observar la convenien-
cia de que las diferentes Jurisdicciones aceptasen la unificación, no de sus Rituales e iniciaciones, lo que no sería posible ni de desear, si no de las palabras, signos, baterías por
medio de las cuales los Masones escoceses se réconocen entre
sí, y también de los certificados, diplomas y pasaportes masónicos que les permitan hacerse reconocer en las Jurisdicciones extranjeras.

Pero la sección, por mayoría, estima que es inútil tratar
de esta reforma, dado que los delegados de la Masonería
Americana declaran que les sería imposible hacerla admitir
por sus respectivas Jurisdicciones.

CUESTIÓN Nᵒ 10 : **Establecimiento de una Oficina central en un Supremo Consejo.** — Esta proposición es comba-
tida por varios miembros, como inútil y hasta peligrosa, por
constituir un primer paso hacia una centralización contraria
a la autonomía absoluta de los Supremos Consejos. Según
ellos, el cambio de correspondencia entre las Secretarías,
bastaría para todos los fines. Es preciso dar las gracias al
Supremo Consejo de Suiza por su generosa oferta de asumir,
con el concurso de los SS.·. CC.·. federados, la dirección de
esta nueva institución, pero no creen poderla aceptar.

Otros miembros no creen en la existencia del peligro se-
ñalado y estiman que, bajo todos puntos de vista, sería útil

para el Escocismo la creación, al igual que ocurre en otros Ritos, de un centro permanente de información.

Puesta la cuestión a votación, la creación de una Secretaría Central fué votada por cinco contra cuatro; pero uno de los oponentes ha recordado que bastaba la oposición de tres delegaciones para que una decisión no pudiera figurar en las actas de la Conferencia.

La comisión examinó varios manuscritos: uno de ellos presentado en nombre de Portugal, se refiere a la unidad de los Rituales; otro, en nombre de la República Argentina, a la impresión de los diplomas, de las patentes, etc.

La Comisión ha decidido unirlos al proceso verbal de sus deliberaciones, para ser transmitidos a la Conferencia.

Agradecimiento a los Supremos Consejos de Francia y de Argentina.

Eleccion de Buenos Aires para la Conferencia internacional de 1927.

Por indicación del Il.·. H.·. ALBERT PECORINI, 33º, del Supremo Consejo de Italia, la Conferencia da un voto de gracias a los Supremos Consejos de Francia y de Argentina por sus cordiales invitaciones.

El M.·. Il.·. H.·. RENÉ RAYMOND, 33º, Sob.·. Gr.·. Com.·. del Sup.·. Cons.·. de Francia, anuncia que retira su invitación para 1927, con el fin de que la amable llamada del Supremo Consejo de la Argentina, pueda ser aceptada por unanimidad. Después de lo cual, bajo proposición debidamente apoyada, la Asamblea decide, por unanimidad, que la próxima sesión de la Conferencia internacional tenga lugar en 1927 en Buenos Aires, bajo los auspicios del Supremo Consejo de la Argentina.

Telegrama de la Conferencia internacional de la Paz,
en Berna.

El Presidente, M.·. P.·. H.·. Junod, 33º, da lectura al
telegrama siguiente :

Presidente Conferencia de Supremos Consejos masónicos,

LAUSANA

La Conferencia internacional de la Paz, de Berna, esti-
mando que no podrá ser establecida una paz verdadera, más
que por esfuerzos concertados de la masas populares y de
las agrupaciones que obedezcan a los mandatos del derecho,
solicita el apoyo de las Logias masónicas y pide a los delegados reunidos hoy en Lausana, que intervengan en este
sentido en sus medios respectivos.

Este telegrama es acogido favorablemente por la Conferencia, que decide comunicar, en respuesta, a la Conferencia
internacional de la Paz, la resolución votada al principio de
la sesión de hoy, sobre la propuesta del M.·. P.·. H.·. Léon
M. Abbott, 33º.

Reconocimiento al Presidente Harding.

La Conferencia aplaude calurosamente el telegrama siguiente que el M.·. P.·. H.·. Junod, 33º, Presidente, propone
se dirija al Honorable Warren G. Harding, Presidente de
los Estados Unidos, en contestación a su cordial carta, co-
municada a la Conferencia en 29 de Mayo de 1922, por el
M.·. P.·. H.·. Léon M. Abbott, 33º, Sob.·. Gr.·. Com.·. del
Supremo Consejo de la Jurisdicción Masónica Norte de los
Estados Unidos.

Lausana (Suiza), a 2 de Julio de 1922.

Hon. Warren G. Harding,

Presidente de los Estados Unidos,

WASHINGTON, D.C.

Conferencia de Supremos Consejos del Rito Escocés del mundo os envía saludos fraternales y cordiales gracias por vuestro vibrante mensaje.

(Firmado) Junod,
Presidente de la Conferencia.

Agradecimiento al Presidente de la Conferencia
y al Sup.·. Cons.·. de Suiza.

El Il.·. H.·. Thomas R. Marshall, 33º, de la Jurisdicción Masónica Norte de los Estados Unidos, somete a la aprobación de la Asamblea, la resolución siguiente, que es aprobada por unanimidad :

La Conferencia internacional de los SS.·. CC.·. de la Mas.·. Esc.·. expresa su agradecimiento al honorable H.·. Albert Junod, su presidente efectivo, por la dignidad, la habilidad y la cortesía para con todos, de que ha dado pruebas en el cumplimiento de sus funciones.

Este reconocimiento se hace extensivo al Sup.·. Cons.·. de Suiza, por la cordial recepción y la cortés hospitalidad que ha dado a los delegados en toda ocasión.

Clausura de la Tercera Conferencia Internacional.

El Presidente, M.·. P.·. H.·. Albert Junod, 33º, en
nombre de los HH.·. de Suiza, dirige a los Il.·. HH.·. delegados el adiós más cordial, les desea una feliz vuelta a sus
hogares y suspende, sin fecha, a las 17, la Tercera Conferencia Internacional de Supremos Consejos del Rito Escocés Antiguo y Aceptado.

Ad. BLASER, Secretario.

Perry W. WEIDNER, Secretario.

M. Portela, Traductor.

111